挑戦する法曹たち

——法律家のキャリアマップ——

早稲田大学法務教育研究センター［編］

成文堂

はしがき

　本書を手にした読者のみなさんの多くは、実際に社会で活躍する法曹（裁判官・検察官・弁護士）と身近に接した経験があまりないのではないかと思います。法曹の仕事についても、テレビドラマや映画などを通じておおまかなイメージは持っておられるでしょうが、法曹が具体的に社会のどのような問題に挑戦し、格闘しているかについては、あまりよく知らないという方も多いのではないでしょうか。本書は、そのような方たちに向けて、「法曹の仕事の魅力を知ってもらいたい」、「『自分も法曹を目指してみよう』と思ってもらいたい」と願って書かれました。

　本書のベースとなったのは、早稲田大学法学部・大学院法務研究科の授業として2016年度から実施されている導入講義「法曹の仕事を知る」の講演録です。この講義は、早稲田大学の法科大学院（本書では「早稲田大学ロースクール」とよびます）を修了してさまざまな分野で活躍する法曹の方々を講師として招き、オムニバス形式で法曹の仕事について語っていただくというもので、現在では受講生が200名を超える人気科目になりました。今回、この授業で講演してくださった方々に加えて、さらに多くの早稲田大学ロースクール修了生の法曹に執筆をお願いするとともに、早稲田大学ロースクールで法曹養成に携わってきた先生方にも原稿の執筆やインタビューにご協力いただき、１冊の書物としてまとめることができました。

　本書は６つの章から構成されます。第１章は本書のイントロダクションであり、法曹になるための道がどのようなものかを説明したうえで、法曹としての働き方が多様で可能性に満ちたものであることを示します。第２章では、家事事件・労働事件・企業法務など、伝統的に法曹の活躍の舞台とされてきた領域で活動する弁護士・裁判官の姿が描かれます。第３章では、特に刑事事件に焦点を当て、「法曹三者」といわれる裁判官・検察官・弁護士それぞれの立場から、刑事裁判にどのような思いで取り組んでいるかが語られます。

　第４章では、従来の法曹のイメージとは少し異なる働き方をしている法曹

を紹介します。司法過疎問題に取り組む弁護士、資格取得後すぐに独立開業した弁護士、公認会計士としての経験を強みにする弁護士が登場します。第5章では、従来はあまり法曹が関わってこなかったフィールドに進出して活躍する法曹を取り上げます。企業内弁護士、公務員、国会議員の政策担当秘書、医学部教授など、実にさまざまです。そして最後の第6章では、「挑戦する法曹を早稲田から」というスローガンのもと、これらの多様な法曹を育てて世に送り出してきた早稲田大学ロースクールの元教員の先生方にお話をうかがいました。

　本書では、このようにさまざまな領域で活躍する方々が、法曹の仕事に懸ける熱い思いを読者のみなさんに語りかけています。また、そこで語られている内容は、各執筆者の経験や立場の違いを反映して多様であり、物事の見方も必ずしも一致しているわけではありません。読者のみなさんには、各執筆者の情熱とともに、この法曹の多様性についてもぜひ感じ取っていただきたいと思います。

　本書は、自分の将来の進路について真剣に考えたい方々に手に取ってほしいと思います。大学の法学部で学んでいる方であっても、法律が社会で実際にどのように使われているかイメージができず、授業に興味が持てないという方や、なんとなく法学部に入ったけれども法曹になろうとは考えていないという方も多いのではないでしょうか。本書では、法律という武器を使って、社会のさまざまな問題を解決しようと奮闘する法曹たちの姿が描かれています。本書を読んで、法律を学ぶ意味と法曹の仕事の魅力を知り、そしてできれば法曹を目指してほしいと思います。

　また、本書には、法学部以外の学部を卒業したり、いったん社会人としての経験を積んでから、早稲田大学ロースクールで法律を学んで法曹資格を取得した方々も多数登場しています。法学部以外の学部で学んでいる大学生の方や、現在は別の仕事をされている社会人の方も、ぜひ本書を手に取って、法曹の世界に興味をもっていただきたいです。さらには、大学への進学を控え、志望学部や将来なりたい職業を考えている高校生の方にとっても、本書の内容はきっと有益であると確信しています。

　本書を編むにあたっては、数多くの法曹・教員の方々に執筆のご協力をい

ただきました。とりわけ、早稲田大学法務教育研究センターの歴代助手の方々（小島秀一弁護士、松岡佐知子弁護士、卯木叙子弁護士、髙橋宗吾弁護士、道上貴美子弁護士）は、本書の企画や原稿の取りまとめなどに力を尽くしてくださいました。また、成文堂出版部の小林等氏の的確なサポートがなければ、本書を世に出すことは難しかったと思います。そのほか、本書の刊行に力を貸してくださったみなさまに、この場を借りて感謝を申し上げます。

　読者のみなさんが本書で「挑戦する法曹たち」の群像に触れて法曹の仕事に興味をもち、ひとりでも多くの方が法曹を目指してくださるのであれば、これに勝る喜びはありません。さあ、それでは、「法律家のキャリアマップ」をたどる旅に出発しましょう！

　　2021年2月5日

早稲田大学法務教育研究センター副所長
（早稲田大学大学院法務研究科教授）

白石　大

目　次

第6章　法曹を育てる挑戦 213

第 1 章
法曹への道・法曹としての道

法曹への道のり
──これまでとこれから──

1　司法制度改革とロースクールの設立

　法科大学院は、2001年に公表された司法制度改革審議会意見書により設立された専門職大学院です。司法制度改革は、1990年代に政府が行ってきた行政改革、規制改革等の諸々の改革を「憲法のよって立つ基本理念の一つである『法の支配』の下に有機的に結び合わせようとするもの」でした（司法制度改革審議会「司法制度改革審議会意見書―21世紀の日本を支える司法制度―」［2001年6月12日］）。この意見書の中で、司法制度改革の3つの柱の1つとして、「『司法制度を支える法曹の在り方』を改革し、質量ともに豊かなプロフェッションとしての法曹を確保する」ことが掲げられました。この柱の要として設立されたのが、専門職大学院としての法科大学院です。

　法科大学院が設立された背景には、当時法曹（裁判官、検察、弁護士）志願者が司法試験という「点」のみによって選抜されていたため、試験突破のための技術に関心を寄せすぎている状況がありました。意見書では、21世紀における弁護士は、「社会生活上の医師」であることが期待され、人々のさまざまな悲しみや苦しみに寄り添う豊かな人間性と、法的な問題を創造的に解決する、高度の交渉力や問題解決能力を身に付けていることが期待されました。また、規制改革後の日本社会では、より多くの法的ニーズが生まれることが予想され、これに対応できるよう、法曹（主に弁護士）の量も増やさなければならないと考えられていました。

　「質」と「量」の両方の問題に対応するための方法が、専門職大学院として設置される法科大学院での「プロセスによる法曹養成」でした。法科大学

院では、修了後に受験する司法試験の準備だけではなく、その後のキャリアを見据えて、模擬裁判や模擬法律相談などの実践的な科目も履修することが義務付けられました。

　法科大学院は制度が開始された2004年には68校が設立され、その後最大で74校となりました。法科大学院は、原則として大学を卒業した者が入学する大学院です。標準年限は3年間（いわゆる未修者コース）ですが、法学部の卒業生など、すでに法律を学習していると認定された場合には、2年間の課程（いわゆる既修者コース）で学ぶことができます。その後、司法試験を受験し合格した者は、最高裁判所の司法研修所において1年間の司法修習を行い、さらに司法修習後に行われる司法修習生考試（「二回試験」と呼ばれます）に合格すると、晴れて法曹となる資格を得ます。法科大学院の修了者は、5年間で5回、司法試験を受けることができます。

2　2019年法曹養成制度改革とその先
——プロセス教育の立て直し——

　法科大学院の誕生から15年が経過した2019年6月19日、「法科大学院の教育と司法試験等との連携等に関する法律等の一部を改正する法律」（令和元年法律第44号。以下、「本法律」）が成立しました。本法律は、法曹養成制度について、法科大学院制度創立以来の大幅な見直しを内容とするものです。本法律により「法科大学院の教育と司法試験等との連携等に関する法律」、「学校教育法」、「司法試験法」、「裁判所法」が改正されましたが、その中核となる改革内容としては、以下が挙げられます。

⑴　法曹コースの設置
　1点目は、いわゆる「3＋2」と呼ばれる学部3年間と法科大学院2年間（既修者コース）の5年間による法曹養成ルートの創設です。法科大学院を設置する大学が、法科大学院教育と学部教育との円滑な接続を図るための課程（連携法曹基礎課程、いわゆる「法曹コース」）を設置する大学と「法曹養成連携協定」を締結し、文部科学大臣の認定を受ける制度が創設されました。これに

より、法曹を目指す学生は、早期から法科大学院を見据えた教育を受ける機会を得ることが可能となります。このように、この改革は、学部教育と法科大学院教育の合わせて5年間での充実した法曹養成教育を行うことを目的としています。

⑵　在学中受験の導入

　2点目は、法科大学院最終年次に在籍し、所定の単位を修得したと大学に認定された者への司法試験受験資格の付与です。これまで、司法試験予備試験（以下、「予備試験」）に合格するか、または原則大学を卒業し法科大学院を修了した後でなければ司法試験の受験は認められませんでしたが、本法律により、法曹を目指す学生は、法曹コースと法科大学院既修者コースを経由しても学部入学から最短で5年目に司法試験を受験することが可能になり、司法修習を合わせてもおおむね6年程度で法曹資格を取得することができるようになりました。現状が、学部標準4年、法科大学院既修課程2年、その後の司法試験受験と司法修習を合わせると、法曹資格まで最短でも約7年9か月を要していたことと比較すると、おおむね2年弱の短縮となります。

⑶　改革の背景

　今回の改革が行われた背景には、法科大学院への志願者の減少がありました。2004年の時点では、法科大学院志願者数は72,800人だったのに対し、2018年度は8,058人にまで減少してしまいました。その結果、2020年10月現在、最大で74校あった法科大学院のうち、39校が募集停止を決定しています。司法制度改革により、法科大学院は法曹養成の中核として位置付けられたのに、そのメインストリームに人が来なくなってしまったのです。これでは、法の支配を担う司法という国家インフラを支える法曹を、豊かな供給源から輩出することができなくなってしまいます。法曹養成制度をとりまく現状は、その意味では国家的な危機であり、これに対応するための施策として政府が打ち出したのが本法律でした。

　法科大学院の志願者がここまで減少してしまった原因としては、次の3つが挙げられます。一つ目は、そもそも法科大学院制度発足時に、想定をはる

かに上回る最大74校の法科大学院が設置され、現実の司法試験合格率が当初想定された司法試験合格率を大幅に下回ってしまったことです。結果として、入学定員は2005年度には5,825人となり、司法試験の合格率は先の意見書で掲げられた「約7〜8割」には遠く及ばないこととなってしまいました。2013年度から2018年度まで、司法試験の合格率はおおむね22%〜30%で推移しています。

　二つ目は、急速な新人弁護士人口の増加による弁護士の就職難が一時期メディア等で盛んに取り上げられ、弁護士が経済的にペイしない、魅力のない職業であるかのようなイメージが創り出されてしまったことです。もっとも、法科大学院世代の弁護士がキャリア10年を迎え独立するようになり、現在は就職状況は大きく改善されているようです。

　三つ目は、司法制度改革審議会の意見書では「経済的事情や既に実社会で十分な経験を積んでいる」人のために設置されるはずであった司法試験予備試験（以下、「予備試験」）が2011年の導入以降無制限に運用され、かつ、「エリートコース」として定着してしまったことです。予備試験の合格者は、法科大学院を修了せずに司法試験を受験することができます。予備試験自体は合格率が3%程度の試験ですが、誰でも受験できる制度のため、早い段階から法曹を目指す学生は、予備試験ルートによる司法試験合格を目標とするようになり、現在、予備試験合格者の4分の3が大学学部生と法科大学院生で構成されています。制度趣旨と乖離した運用により、「プロセス」により養成することになっていた法曹を志す大学生や法科大学院生が、法科大学院の修了を経ないで法曹を目指すようになってしまいました。

　今回の法曹養成制度改革により、早くから法曹を目指す人は法科大学院のルートを経ても時間的・経済的負担が軽減されることになります。大学生で予備試験に合格する人の多くが大学4年生の時に合格していることから、大学の法曹コースを3年で卒業し、法科大学院既修課程に入学し、2年次に司法試験を受験するならば、司法試験を受験できる時期としては同じになります。さらに、法科大学院を修了すると、法務博士という学位が授与され、その後の留学などのキャリア展開を考えると非常に有利です。また、政府が法科大学院の定員を管理する制度が導入されることから、司法試験受験者全体

も一定人数に抑制されることになり、これによって法科大学院できちんと勉強すれば司法試験に合格して法曹になれる、という予測可能性が高まることが期待されています。

　2019年度の法科大学院の入学定員は、2,253人です。これは、ピーク時の5,825人からは61.3％減となりました。もっとも、2019年度の入学志願者数は、9,177人であり、前年度と比較して1,059人（13.1％）増となり、11年間連続していた志願者数の減少からようやく増加に転じています。また、入学者数も1,862人となり、前年比で241人（14.9％）増加しました。未修課程における法学系課程以外出身者の割合も、36.9％に上昇し、同課程における社会人経験者の占める割合も38.0％と増加しました。そして、2019年度司法試験の合格率は33.6％となり、前年度と比較して約４ポイントも上昇しました（さらに、2020年度司法試験では、合格率が39.2％にまで上昇しています）。ここ数年低迷していた法科大学院制度に、ようやく明るい兆しが見えてきました。今般の法改正が、優秀な若い学生を法科大学院に呼び戻し、「しっかり勉強すれば法曹になれる」プロセスとして、法科大学院がより優れたリーガル・プロフェッションの輩出を担っていくことでしょう。

⑷　法改正のその先：未修者教育の拡充

　ここまで、2019年の法曹養成制度改革に関する法改正の概要とその背景を述べてきました。読者の中には、もうお気づきの方もいらっしゃるかもしれませんが、この法改正はいわゆる「時間的・経済的負担の短縮」に着眼が置かれており、早く法曹になりたい、主に若い層を法科大学院に呼び戻し、プロセスで育てることが主要な目的でした。でも、法科大学院制度においてなくてはならない視点、それは「多様な人材を受け入れること」です。先に述べた司法制度改革審議会の意見書でも、「21世紀の法曹には、経済学や理数系、医学系など他の分野を学んだ者を幅広く受け入れていくことが必要である」と述べられています。法科大学院における３年課程（いわゆる未修者コース）は、社会人経験者や他学部出身者など、さまざまなバックグラウンドを持つ人材を法曹養成課程に取り込み、法曹に必要な知識と技能を３年間でしっかり習得させるためのプロセスです。この過程がうまく機能しない限

り、そもそも法科大学院制度の立て直しはあり得ないのです。

　法科大学院設立当初の2004年、未修者コースには約3,400名の入学者があり、このうち約50％は非法学部出身者、51.3％は社会人経験者でした。これが、2018年には未修者コースへの入学者数が約500名、このうち非法学部出身者が27.0％、社会人経験者は27.5％にまで落ち込みました。法科大学院の入学者数全体が減ってはいるものの、他学部出身者や社会人経験者の割合も大きく減っていることは由々しき事態です。2019年には、未修者コースへの入学者数が約600名、このうち非法学部出身者の割合は37.0％、社会人経験者は38.0％にまで回復しましたが、まだ予断を許さない状況です。

　法科大学院制度の在り方について検討する中央教育審議会法科大学院等特別委員会（以下、「中教審特別委員会」）では、2018年12月に取りまとめた報告書「法科大学院等の抜本的な教育の改善・充実に向けた基本的な方向性」の中で、未修者教育の充実について、全国共通で行われる共通到達度確認試験を利用した質の保証や、若手実務家によるきめ細やかな学習指導の導入などを提言しています。さらにこれを受けて実施された、日弁連法務研究財団による「法科大学院における法学未修者への教育手法に関する調査研究」の報告書では、①志願者数確保策、②入学者選抜の在り方、③入学前後の取組み、④カリキュラムの改善、⑤授業の在り方、⑥試験の在り方、⑦補助教員の利用も含めた正規の授業外での学生への対応、⑧学習意欲を維持するための取組みについて、153頁にわたり詳細な問題点の指摘と改善策の提示があります。そして、2019年2月から始まった第10期中教審特別委員会においても、その主要なテーマの1つとして未修者教育の拡充が位置付けられています。2019年の法改正により、「3＋2」（法曹コース）といういわばファスト・トラックについては手当てがなされましたので、法科大学院制度の喫緊の課題は、いかにして多様な人材を法科大学院に取り込むか、そのために未修者コースはどのように改善するべきか、という点にあるといえるでしょう。

　私が所属する早稲田大学法科大学院（ロースクール）では、その設立当初から「挑戦する法曹」をスローガンに、他学部出身者や社会人経験者などさまざまなバックグラウンドを持つ学生を受け入れ、法曹として輩出してきました。累計の未修者コース出身司法試験合格者数は、全法科大学院中トップで

す。また、アカデミック・アドバイザーと呼ばれる、早稲田大学ロースクールを修了して弁護士になった若手の補助教員が入学前の「導入講義」を実施し、憲法・民法・刑法の導入的な講義を行うほか、これまで法律学を勉強したことのない入学予定者の相談に応じたり、勉強方法をアドバイスしたりして、よりスムーズな法科大学院生活のスタートが切れるように支援しています。アカデミック・アドバイザーは、法科大学院在学中も、正規の授業の外でゼミや論文添削、個別の相談に応じるなどして、未修者コースの学生を精力的に支援しています。他の法科大学院でも、多様な入試を行い、補助教員を活用して、未修者教育の強化に力を注いでいます。このような取り組みを通じて、多様な人材を法科大学院に取り込み、法曹として輩出し、法曹コミュニティをより魅力的なものとする―そして、さらに多様な人が法曹を志す―というプラスのサイクルを生み出すことができると考えています。

3　さらなる多様な人材の輩出を目指して
――女性法曹輩出促進プロジェクトの意義――

　早稲田大学ロースクールでは、2014年より、女性法曹輩出促進プロジェクト（Female Lawyers Project, FLP）という活動を行ってきました。その名のとおり、女性法曹を早稲田から輩出していこうという取り組みです。なぜ、FLP が必要なのか。少し説明をしたいと思います。

　最初に、データを見ていきましょう。現在、日本の裁判官のうち、女性の比率は26.7％、約4人に1人の裁判官が女性です。検察官は裁判官よりはやや少ない数字になりますが、25.0％です。そして、弁護士の女性割合が一番高いと考える方も多いのですが、実は18.8％と弁護士の女性割合は2割を切っています。内閣府男女共同参画局が、2020年までに法曹の3割を女性が占めるように、という目標値を2003年に設定しましたが、残念ながら到達できませんでした。

　1991年からの法曹三者における女性の割合の推移を示した［グラフ］をご覧ください。女性の割合は増えてはきているものの、割合としてはまだまだ非常に少ないというのがおわかりになると思います。2000年までは10％にも

［グラフ］**法曹三者における女性の割合の推移**（1991年〜2018年）

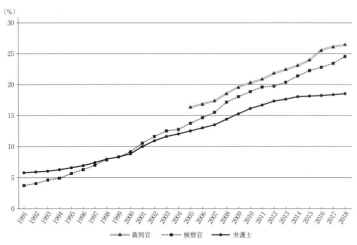

（データは弁護士白書2018年版62頁より）

満たなかったのが、国家レベルでの男女共同参画推進の影響もあって、少し
ずつ増えてきてはいるものの、全体ではいまだ2割程度です。

　では、法曹に女性が少ないと何が問題なのでしょうか。同じ司法試験とい
う試験を受けて法曹になるわけですが、そこで女性が少ないことの何がいけ
ないのか。みんな同じ試験を受けて合格した人が法曹になるのだから、性別
は問題ないじゃないか、そう考える方もいるでしょう。でも、やはり多様な
弁護士がいたほうが、多様な人の法的ニーズをくみ取ることができる。この
社会にはさまざまな人がいるのだから、法律専門家のコミュニティもやはり
できるだけ多様性があったほうがよいと考えます。その第一歩として、ジェ
ンダーバランスがあるのだと思います。

　具体的には、女性の弁護士が少ないと、男性の人が男性の弁護士にアクセ
スするように、女性の人が女性の弁護士にアクセスすることができないとい
う問題が挙げられます。法的な問題を抱える女性の中には、「女性」の弁護
士に自分の問題を相談したいと思われる方はたくさんいると思います。離婚
の問題や、DVの問題、あるいは性犯罪の問題など、男性に話すのはためら
う、女性に話を聞いてほしいと思ったときに、女性にとっては同性の法律専

門家へのアクセスは簡単ではないのです。その結果として、離婚に関連する諸問題、相続の問題、消費者問題などの中で、女性に特有の法的な問題が社会や司法の場で顕在化されないという現状があるのです。

さらに、先に述べました、法曹の構成員が多様性に欠けていること自体が問題です。たとえば、今日、弁護士会の構成員の8割は男性です。そうすると、やはり弁護士会の在り方や弁護士の在り方というのが、往々にして男性の声で決まってしまいます。司法の担い手である法曹が多様性に欠けると、人々の司法への信頼が弱まり、結果的に法の支配を弱めてしまう可能性があるといわれています。

さらに、女性が少ないことによって、女性法曹自身の働き方、あるいは業務分野というものが固定化されてしまって、女性法曹の多様な自己実現が妨げられやすいという問題があります。あまりに女性が少ないために、法律事務所の中でも、離婚問題は女性の弁護士が担当させられるなど、そういった形で業務が固定されてしまう。本当は、女性弁護士も男性弁護士と同じようにいろいろなポテンシャルを持っていて、いろいろなところで活躍をすべきなのに、それが妨げられてしまうという現状があります。

そこで、法曹人口に占める女性の割合を、少なくとも3割程度には増やしていく必要があります。国の方針でも3割が目標値に設定されています。なぜ3割かには諸説ありますが、「クリティカルマス」と呼ばれ、3割を超えると、マイノリティーであってもマジョリティーに対して一定の影響力を与えることができるといわれていることが一つの根拠です。逆に考えれば、今の法曹人口において女性が2割しかいないということは、女性法曹の声は司法コミュニティでは反映されてない可能性があるのです。これは、本当は深刻に受け止めなければいけない問題なのですが、これまで、法曹当事者を含めて、社会がこの問題を問題としてきちんと捉えてこなかったように思います。

すでに述べたとおり早稲田大学では、2014年から、FLPに取り組み、女性法曹を輩出しようという取り組みを行ってきました。実はその少し前から、法科大学院生の学修支援をしているアカデミック・アドバイザーが女性の司法試験合格者の数の少なさについて議論し、問題意識を持っていた、と

いう背景があります。これはやはり問題だし、このままの状態が継続したら女性法曹がずっと増えないことになる。先ほどの統計でいくとずっと2割から増えなかったら、ずっとクリティカルマスにならないということになります。早稲田大学では、今後、法曹養成機関として、より多くの女性に法曹を目指してもらう、より多くの女性学生に司法試験に受かってもらう、そのための取り組みをしていこうということで、FLPの活動を始め、この活動は現在文部科学省からも高い評価を受けています。

　なぜ、法曹コミュニティに女性が少ないのか。なぜ、法科大学院が設立された後も、女性の学生数が男性と比べて少なく、司法試験の合格者に占める女性の割合はさらに少ないのか。この問題を私たちはFLPの会議でずっと議論しています。これだ、と特定できるものを見つけるのは難しく、おそらく重層的な問題であろうと考えています。その中で一つ、原因ではないかと思うのは、先ほどのアクセスの問題と同じで、男性の法科大学院生が自分のロールモデルとして若い男性弁護士を描くように、女性の学生が若い女性弁護士を自分のロールモデルとして描けるだろうか。ここがかなり難しい現状があるのではないか。そういうことを考えて、身近なロールモデルを提供できればと、アカデミック・アドバイザーと提携して、「おしゃべりカフェ」というささやかな催しを2017年から始めました。月に1回程度、修了生の男女の弁護士が法科大学院の決まった場所に待機して、在学生の質問でも、悩みでも、何でも話を聞きます、というものです。「弁護士の仕事ってどんなのですか」という質問から、「勉強が難しいんです」という相談まで、とにかく身近に弁護士を感じてもらう。これを継続的にやっていくことが大事だろうと考えています。

　それと同時に、長期的な大きなキャリアビジョンを持ってもらうことも重要だと思っています。自分は法曹になったときにいつかこういう仕事をしたいという夢を抱けるような、大先輩の女性法律家の講演やシンポジウムも年に1回開催しています。

　さらに、ニーズに応じたきめ細やかな学修支援を提供することも重要と考え、アカデミック・アドバイザーと連携して、在学中に出産される方の継続的な支援をしています。なかなか出産直後は子どもの預け先もなく、子ども

と離れることもできず、大学のキャンパスまで来るのは難しいのですが、そういう学生に対して、メールやインターネットのオンライン機能を使って支援をするといったことをしています。

　FLP が具体的な取り組みを始めて、6 年以上になります。2020年 4 月、早稲田大学ロースクールの新入生における女性の割合は46.8％でした。女性法曹のやりがいを広く発信する、身近なロールモデルを与える、そしてきめ細かな支援をする。そういうことを続けていけば、女性の法曹志願者は増えていくし、女性法曹の数も増えていくんだということを、早稲田から発信していきたいと思っています。

法曹の多様性と可能性

早稲田リーガルコモンズ法律事務所

河﨑 健一郎

1　はじめに

　法曹になることは、職業の選択であると同時に、自由な立場を手に入れることである、私はそう考えています。法曹というと、裁判官、検察官、弁護士という言葉が出てきます。ここでイメージされる弁護士はおそらくバッジを胸に法廷に立って弁論する法廷弁護士でしょう。

　しかし、現在では弁護士の仕事は多岐にわたり、もっと多様性に富んできています。会社や行政組織の中で活躍する人もいれば、弁護士登録を行わずに、法曹としての知識やノウハウを生かして活動する人たちもいます。

　この文章を通じて、読者のみなさんの「法曹」に対する固定観念が破壊され、より広く、豊かなものとしてイメージいただけるようになることが、本稿の狙いです。

2　社会人から法曹への転身

(1)　学生時代はバックパッカー

　私自身の来歴をお話しながら話を進めましょう。私は1994年に早稲田の法学部に入学しました。当時は真面目な学生ではなくて、いわゆるバックパッカーとして、警備員や皿洗いなどのアルバイトで資金を稼いでは、ユーラシアやアフリカを貧乏旅行する生活でした。4年になると周囲は金融や商社、メーカーやマスコミなど大手企業に就職していきましたが、私は留年して同じような暮らしを続けていました。そんな中、1年遅れで挑戦した就活は惨

敗。しかし、当時はまだマイノリティ領域だったコンサルティング会社のマネジャーが面白がって拾ってくれて、周囲に1年遅れで社会人としてのスタートを切りました。

(2)　実務の中で芽生えた専門知へのあこがれ

　コンサルティング会社での仕事はハードでしたが、刺激に富むものでした。私が潜り込んだ会社は外資系だったので、世界のさまざまな国の同僚と集まって研修を受けてディスカッションしたり、半ばバックパッカーの延長で、「ビジネス界」という世界の旅を続けているような気持ちでした。楽しんで取り組めていたので、充実した日々でしたが、転機となった仕事がありました。

　それは、当時、国の最重要課題であった金融機関の不良債権問題に対処するために、国が作った組織の立ち上げの仕事に関わらせてもらったことでした。

　当時の私はもちろん一番の下っ端で、議事録を取りながら先輩たちの仕事のサポートをしていたのですが、不良債権問題への対処という「外科手術」を最先端で行っていたのは、弁護士や会計士といった資格を有している人たちでした。その活躍はまぶしく感じられました。もっというと、資格の背景にある「体系化された実務処理のノウハウ」を身に着けることに一生モノの価値があるのではないかと感じました。就職して5年、28歳のときだったと思います。ちょうどそのタイミングで法科大学院制度が立ち上がり、これだ！と思って会社を辞めて早稲田大学ロースクールに飛び込みました。当時すでに結婚していて、ローンを組んでマンションを購入したばかりだったので、清水の舞台から飛び降りる思いでした。

3　法科大学院での価値観の転換

価値観の化学反応

　法科大学院での授業は非常に充実したものでした。あまり講義に出席していなかった学部時代と比較はできないのですが、初学者に丁寧に配慮された

講義もあれば、語り口はぶっきらぼうなもののしっかり予習して疑問点を質問に行くと丁寧に応対してくれる教授もいて、それぞれの個性がありながら、質の高い授業を受けられました。すでに独立した社会人として、ローンを背負って飛び込んだ手前、一言も聞き逃すまいと取り組んだ姿勢が、得られるものを大きくしたのかもしれません。学部時代とは打って変わった猛勉強の学生生活を送りました。

　事業再生分野への興味を契機に入学した私は、当初は企業法や倒産法を専門にする弁護士となるつもりでした。ところが法科大学院で刑事弁護や行政事件、人権事件などに取り組んでいる方々のお話を聞いたり、志を持つ同級生と語り合ううちに刺激を受け、そういった方面の仕事をやっていきたいと考えるようになりました。スクール形式の法科大学院で3年間、仲間と濃密な時間を過ごす中で自分の中に起きた化学反応でした。

4　実務を習い憶えた修行時代

(1)　自由なスタイル

　資格を得てすぐに、一般民事事件を扱う神保町の法律事務所に入れてもらいました。とても自由な事務所で、ボスの仕事を月の半分くらいやっていれば、あとは自由に何をやっていてもよい。勤務日も勤務時間も定めない。自分で取ってきた事件は自分の責任でやるが、不安だったら共同で受任してもらうこともできる。一つだけ要求されるのは、自分なりのテーマを設定してその分野で名前を上げろ、という変わった事務所でした。

　実際にその事務所のボスや先輩たちは、国際人権、消費者法、行政訴訟、過労死事件、少年法、難民法などそれぞれの分野でそれぞれに業績を挙げていました。

　私が弁護士登録したのは2008年で、ちょうどリーマンショックの直後でした。冬も深まる中、派遣切りされた方々が行き場を失い、大きな社会問題となっていました。そうした中、日比谷公園の中にテントを張って、そうした方々の受け入れを行う活動が展開されていました。いわゆる「派遣村」です。正月にTVで箱根駅伝を観ていたら、合間のニュースの時間に派遣村

のことを報じていて、興味本位で覗きに行ったらそのまま手伝うこととなり、私の弁護士としての仕事は、生活困窮者支援からはじまりました。

(2)　大きなものとも戦う

　私自身にとって初めての大きな訴訟事件となったのは、イスラム教徒への違法捜査をめぐった事件でした。

　日本にいるイスラム教徒すべてが公安警察によって尾行され、詳細はプロフィールシートで情報管理されている、ということが、何者かによるインターネットへの情報漏えいによって明らかになった、という事件です。当時は新聞の一面で連日報じられるような大きなニュースでした。私はこの事件で、イスラム教徒の方々の代理人として、漏洩されたインターネット上のプロフィールシート等をそのまま匿名化処理せず営利目的で出版しようとした出版社に対する出版差し止めを行いました。また、そもそもイスラム教徒というだけで包括的、網羅的に個人情報を収集している公安警察の手法が憲法違反であるとして、警視庁、警察庁を相手取った裁判（国家賠償訴訟）の代理人を務めました。

　差止訴訟は勝ち、国家賠償訴訟は漏洩責任に基づく賠償は認めたものの、憲法上の論点（信教の自由、プライバシー権、平等権侵害）では勝ちきれませんでした。公安警察という国家権力そのものに向き合っても、自分の依頼者のために正しいと思う主張を法廷の場を通じて戦わすことができるのだという実体験はその後の私の財産となりました。

(3)　3.11での立法体験と挫折

　もう一つ印象に残っているのは東日本大震災の原発事故対応の仕事です。弁護士になって3年目のことでした。地震や津波の被災もさることながら、原発事故に伴う放射線被曝が懸念されました。当時、原発から20キロ圏内の住民と、それに準じるとされた一部の住民には、避難命令が出されていました。一方で、福島市や郡山市、いわき市といった県内の主要市の住民は、放射線管理区域を超える被曝状況にあっても、避難しても補償金がもらえませんでした。こうした区域外避難を放置する状況に憤りを感じ、仲間の弁護士

に呼びかけてネットワークを作りました。国の原子力損害賠償紛争審査会への働きかけや、「避難の権利」を求める立法活動のロビイングなどを行いました。そうした流れの中で、原発事故子ども・被災者支援法という法律が成立しました。与野党全議員の賛成で可決され、上程から3か月というスピード立法でした。

　これは若い私たちにとっては大きな達成でした。と、同時に大きな挫折でもありました。というのはこの法律は、成立したのはよいものの、その後に骨抜きにされてしまい、結局ほとんど活用されることもないままに眠ってしまったからです。

　このことは私の中で大きな学びとなりました。一時的な勢いで法律を作っても、世の中は動かない。世の中を動かすためには、もっと重層的で、根太い取り組みが必要なのではないかと。

5　コミュニティとしての法律事務所

⑴　市民活動からの学び

　弁護士として仕事を重ねる中で、さまざまな市民活動に取り組む人々との交流が広がりました。NHK のディレクターとして自殺問題の番組を作ったことをきっかけに会社をやめ、自殺対策立法を実現させ、その後も継続的に取り組んで日本の自殺を大幅に減少させた清水康之さんや、派遣村の村長も務め子ども食堂の取り組みを地道に幅広く推し進めてきた湯浅誠さんらとの交流は、大きなヒントとなりました。

　彼らのやり方、それは多様性の中で包摂し、粘り強く、次代を育成するという方法でした。これらが鍵であると感じました。それならばそうした要素を取り入れた自分たちの居場所を作ることに意味があるのではないか、と考えました。

⑵　コミュニティとしての法律事務所

　それを実践してみたのが早稲田リーガルコモンズ法律事務所です。ロースクールの仲間を中心に2013年に立ち上げたこの事務所は、発足当初は弁護士

８名からのスタートでしたが、今では弁護士約40名の規模に拡大しています。一般民事事件や刑事事件、行政事件はもとより、企業法務の仕事にも大いに取り組む、いわゆる総合法律事務所となりました。

　同時に、所属する弁護士が、さまざまな分野の市民活動と連携をして、社会を前に進めていくうえでのプラットフォームとしての役割も果たしています。刑事弁護に専門的に取り組んで毎年無罪判決をかちとる弁護士もいれば、環境問題やまちづくりの問題に取り組む弁護士がいます。LGBTの支援活動に力を尽くす弁護士もいれば、シェアリングエコノミーなどの新しいタイプの労働問題にいち早く取り組む弁護士もいます。

　企業法務から市民法務まで幅広い関心領域の弁護士が集まることで、日々、新しい化学反応が生まれています。

(3)　企業法務へのシフト

　私自身はといえば、事務所経営を支える役割を引き受けたこともあり、収入が安定する企業法務領域の取り扱いにシフトしました。今の私のお客さんのほとんどは中小の事業者や新しく事業を起こそうとする人たちで、そうした方々の経営相談を含めた法律相談に応じるのが今の私の役割です。あれもこれも両立させるのは難しいので、個別のテーマについて自分が訴訟弁護士として法廷に立つことはやめ、そうした役割は仲間の弁護士にお願いして、プラットフォームの世話役に徹しています。

　一方で、企業法務にシフトしたことにより、新しいものが見えてきました。それはテクノロジーによる革新の可能性です。世界を見渡しても、紙の書類を裁判所に持ち込んで裁判を行っている先進国は日本の他にはあまり残っていないといわれています。

　これは言い換えると、大きな革新のチャンスが目の前に横たわっているということもできます。

(4)　リーガルテックの可能性

　そこで2017年にエンジニアと組んで、一緒にリーガルテックと呼ばれる分野の研究開発に取り組んでいます。コロナ禍は司法手続のデジタルトランス

フォーメーション（DX）の流れを一気に加速させるでしょう。そうした中で、従来型の弁護士の仕事のやり方は、大きく変化していくだろうと私はみています。それがどのような形に着地するのか、模索していかなければなりません。答えはまだみえていませんし、ここでは紙幅も尽きました。ただ、いずれにせよ、これからの時代に法曹となる方々は、そうした時代の変化と無縁ではいられないと思われます。

6　おわりに

　私自身のストーリィを振り返りながら、考えていることをお話してきました。振り返って考えると、その時々に自分の関心のあることに、力を入れてきましたし、その一貫性のなさに呆れる自分がいます。それでもかろうじて成り立っているとしたら、それは、ひとえに自分が「弁護士」という立場を得ているからだと思います。弁護士はたしかに一つの職業の名前であるけれど、それだけではなく、自由に生きていくうえでの「立場」としてもきわめて有用であるといえます。それは、多くの先人が積み上げてくれた社会的信用の上に成り立つものです。

　法曹の魅力について語ってください、と呼ばれた講義の冒頭、私は毎回、リンカーン、マンデラ、ガンジー、オバマ、カストロの５名の顔写真を挙げて、参加者に問います。この人たちに共通するのは何でしょう、と。賢明なみなさんは講義の趣旨をふまえて、正解を答えてくれます。この５名はみんな法曹資格をもっている人たちです、と。

　そのとおり、世界を変えたこれらの人々はみな、法曹資格を持っている。持ちながら、それを彼らの社会を変えたいという力にかえて、実際に世界を変えたのです。法曹にはそういった力と、可能性があります。

　次の時代に法曹の新しい可能性を切り拓くのは、あなたかもしれません。

第 2 章
伝統的な領域で活躍する法曹

家事事件の専門弁護士として

さかきばら法律事務所
早坂由起子

1 自己紹介

まずは、私の簡単な経歴をお話します。

早稲田大学大学院法務研究科（ロースクール）に進学、2011年に司法試験に合格、2012年から弁護士登録し、弁護士1年目から都内にあるさかきばら法律事務所（離婚事件を得意分野とする事務所です）で執務しています。

私からは、家事事件の専門弁護士としてお話をします。「家事事件」とは「家庭内の紛争」を指し、具体的には、離婚に関する事件、相続に関する事件、親権・養育費・認知・面会交流に関する事件などがあります。私は、特に、離婚、子どもに関する事件を多く担当しており、弁護士になってからというもの、数えきれないカップルの離婚のお手伝いをしてきました。

家事事件に携わるきっかけは、法律を学ぶ中で、法律的解決だけでは割り切れない、感情的、心理的な問題の渦中にいる当事者に関心を持ったことでした。心情は理解・共感できるけれど、法律ではどうにもならない、という場面は、社会においてたくさんあります。

特に、親族間紛争では、感情的対立や心理的問題を抱えた当事者が多いです。当事者の気持ちに寄り添い、共感し、法的解決だけではなく、心理的な問題の解決に向けて少しでも尽力し、ともに闘うことができる弁護士になりたい、と思うようになりました。

2　日本の離婚の実情

　まずは、日本の離婚の実情について、簡単にお話したいと思います。

(1)　離婚件数

　日本における婚姻件数と離婚件数を見ると、年間の婚姻件数は約60万組、離婚件数は約20万組です（いずれも2018年を参考）。単純に見ると、3組に1組のカップルが離婚をしている計算になります。また、婚姻のうち約4分の1（約25%）が再婚カップルという数字もあります。

　人口減少もあり、婚姻件数は徐々に減少し、対して、離婚件数は徐々に増加しており、離婚は身近な問題になっています。

　また、法律的な婚姻を選ばずに事実婚を選択する夫婦も増え、夫婦、家族の在り方は、時代とともに変化しています。

(2)　離婚の方法

　日本では、主に、①協議離婚、②調停離婚、③裁判離婚という離婚の方法があります。

　「協議離婚」は、役所に離婚届を提出する方法、「調停離婚」は、裁判所を利用しての話し合いである調停で離婚をする方法、「裁判離婚」は、裁判所が離婚の可否、離婚条件を判決で判断する方法です。

　協議離婚の割合は離婚の約9割、調停離婚は約1割、裁判離婚は約1%です。協議離婚は、日本の離婚制度の特徴です。行政・司法機関が関与することなく、離婚ができるという点が特徴的です。

　また、日本では、離婚に関する裁判は「調停前置」とされ、調停での話し合いを経てからでないと裁判ができない制度の建付けになっています。一度は、話し合いを試み、話し合いでの解決ができないときに限り、裁判での解決を図る、という趣旨です。

(3) 離婚に付随する問題

離婚に付随する問題は、さまざまです。

子に関することでは、親権、養育費、面会交流など、経済的な点では、財産分与、年金分割、慰謝料など、また法的問題だけではなく、たとえば、家具・家電等の分配、引っ越し、各種の支払先の変更、子の税務上の扶養者を誰にするか、など、細かいことを挙げればきりがありません。これを離婚とともに解決していかなければなりません。弁護士にとっても大変な作業ですが、当事者にとっても、本当に骨の折れる、精神的にも過酷な作業です。

なお、親権とは、未成年者を監護・養育し、子の法律行為を代理する権利義務を担う役割のことです。養育費とは、未成熟子の生活費のことです。監護している親から、監護していない親に支払われるものです。面会交流とは、子を監護していない親が、別居している子と会うことをいいます。

3　離婚事件専門弁護士として心がけていること

離婚事件の専門弁護士として心がけている4つの信条は次のとおりです。

①依頼者の「最善の利益」を考え続けろ！

②忘れてはいけない「子どもの利益」

③今の実務を疑え！『弁護士の仕事』を飛び越えろ！

④笑顔であいさつ！

この4つを、ケースを例にとったりしながら、お話していきます。

(1) 依頼者の「最善の利益」を考え続けろ！

「離婚事件」と一口に言っても、事件は一つ一つまったく異なります。たとえば、「『DV事件』だから、こうすれば万事OK！」といったマニュアルはありません。具体的事情、心情などを前提に、その時々に応じた細やかな試行錯誤が必須です。

とはいえ、依頼者の「最善の利益」も単純な問題ではありません。

ケース1　お金か？愛情か？

　40代夫婦、夫は会社員、妻は専業主婦、子はいません。妻は夫の行動を束縛。夫は、妻の束縛行為に疲れ、自宅を出て別居、妻に居場所を隠して生活し始めました。夫は離婚を強く希望していますが、妻は夫に対する強い愛情を持っており、離婚したくありません。

　このケースで、妻からの依頼を受けたとします。夫から「離婚してくれれば1億円支払う」との申出がありました。この金額が、裁判相場の約3倍だったとします（財産分与等の事情を考慮して）。さて、あなたは代理人として、妻にどのように話をしますか？

　妻は、離婚に応じたくありません。しかし、離婚を拒否すると1億円という金額は受領できません。40代専業主婦、再就職をしても高収入を得ることは今の社会では難しいかもしれません。長く紛争を続けても、夫の離婚意思が変わらなければ、修復は相当難しいでしょう。

　客観的に見れば、1億円をもらって離婚したほうが、経済的メリットは大きいです。しかし、「絶対に離婚したくない」と思っている妻に対して、「1億円もらって離婚したほうが、絶対得ですよ！」ときっぱりさっぱりアドバイスしたら、きっと、信頼関係は壊れるでしょう。妻は、夫にも味方であるはずの弁護士にも気持ちを理解してもらえないと、ますます傷ついてしまうかもしれません。

　1億円が破格の条件であること、離婚を拒否すれば1億円を受け取ることはできないこと、は説明をする必要があります。ただ、妻にとっては「離婚したくない」という気持ちを大切にしてもらうことこそ、その時点では「最善の利益」といえるのかもしれません。

　このように、「依頼者の最善の利益」といっても、客観的な金額では測りきれないのです。

　このケースでは、長い時間をかけて、妻の気持ちに寄り添い、納得できるところまで夫に対する愛情を伝え続け、夫には妻の気持ちが整理できるまで待ってほしい、と伝えていくことが必要だと思います。他方で、妻の気持ちだけに配慮をして、経済的利益を逃す、ということも、適切な代理人活動とはいえません。妻の生活不安を汲み取ることも大事です。当事者の気持ちの

揺れを共有しながら、総合的に見て、「最善の利益」を考えていくこと、これが離婚事件の代理人としての仕事なのだと思います。

⑵　忘れてはいけない「子どもの利益」

離婚事件では、両親に挟まれる子どもたちがいます。一方当事者の代理人として活動する弁護士として、子の利益を無視することは絶対あってはいけないことです。

ケース2　プレゼントの処遇

夫から妻と子（小学校高学年）に対する暴力のあるケースで、妻が子を連れて自宅をでて別居を開始、離婚協議をしています。妻の代理人の立場で考えてみてください。

クリスマス、夫から「子にプレゼントを買ったので、事務所宛に送ります。子に渡してほしい。」と連絡がありました。依頼者（妻）に連絡を入れ、そのことを伝えたところ、「夫からのプレゼントなんて子は受け取らない、突き返してほしい。」と言われたとします。あなたならどうしますか？

代理人としては、妻の意向に沿って、プレゼントを突き返すべきでしょうか。しかし、それでは、子の気持ちは置き去りです。子に対する暴力は許されないことですが、親との関わりを一切断ち切ることが子にとって利益になるかどうかは、個別のケースによって異なります。

類似ケースで、私は、依頼者（妻）の承諾をとって、子と2人で話をする機会をもらい、直接、尋ねてみました。子の意向は、はっきりとしたもの（うれしいとか、受け取りたいとか）ではなかったのですが、少なくとも、プレゼントを突き返したり、捨てたりしてほしいというものでないことはたしかでした。そこで、妻と子と三者で、夫との離婚協議が継続している間は私がプレゼントを保管しておくこと、子が受け取りたいという気持ちになったときにはすぐに渡すこと、などを約束しました。

代理人として、依頼者の意向に反しないことは大切なことなのですが、ときに、配偶者との感情的な対立から子の利益を見失ってしまう依頼者は少なくありません。そのようなとき、子の利益を依頼者と一緒に考えていくとい

う根気強い対応が必要だと考えています。

ケース3　姉妹間の面会

　父母が3年間の別居状態で、小学校3年生の姉（長女）と小学校1年生の妹（二女）は母と暮らしています。3年間、父から、子との面会交流の希望はありませんでした。

　まずは、中立的な立場で考えてみてください。

　別居から3年後、父から、子らとの面会交流の希望がありました。母は、別居以降、ずっと、父に対して、「子らに関わってほしい」と考えていたのに実現しなかったので、面会の希望は複雑な思いでした。

　長女は、父との面会に「絶対に会いたくない」と強い拒否的な気持ちを表明しました。理由は、同居していた頃のマイナスの印象（怖い、嫌い）と、3年間も連絡をしてこなかったことに対する長女なりの強い疑問でした。他方で、二女は、同居中の記憶がなく、「お父さんと会ってみたい」と父への興味を示しました。しかし、長女は、二女に対して「お父さんと仲良くしたら、絶対許さない。」と強く迫るようになりました。姉妹の関係は悪化していきます。

　このようなケースで、面会交流を実施すべきでしょうか、控えるべきでしょうか。あるいは、二女のみの面会を実施すべきでしょうか。

　長女の気持ちも、二女の気持ちも、姉妹の関係も、父との関係再構築も、どれも大切なことです。「子の利益とは何か」について、簡単に答えの出ないケースで、一方当事者の代理人活動をするのは、とても難しいことです。

　たとえば、父の代理人として、面会交流を「父の権利」と強く主張して早期の面会交流実施を迫れば、子らとの関係再構築は望めないでしょう。父側代理人としては、3年間の空白期間を重く受け止め、長女の気持ちの引っ掛かりが一体何なのか、それを解きほぐす努力をまずはすべきです。

　母側の代理人としては、長女の意向を父側に突きつけ、単に面会交流を強く拒否するだけであれば、長女の気持ちの引っ掛かりは解消することがなく終わってしまいます。子らの真の利益を考え、長女がどういう理由で面会を拒否しているのか、子らの視点で子らの気持ちの詳細を父側に伝える努力を

すべきです。

　具体的な「子の利益」はケースによって異なります。一律に決められるものではないのです。一方当事者の代理人として、子の利益を考えることは、本当に難しい作業なのですが、それでも、絶対に忘れてはいけない視点だと思っています。

(3)　今の実務を疑え！「弁護士の仕事」を飛び越えろ！

　どのような事件にも共通することだと思いますが、今ある当たり前の実務慣習・判例等を考えなしに受け入れることは、弁護士の職務放棄と同じです。自分の良心や条文・法理論を自分の頭で考えることが何よりも大事です。ましてや、事件は一つ一つ違うのです。本当にその実務慣習・判例等に沿って考えることが適切なケースなのか、時には、裁判所と真っ向から闘うことも必要です。

ケース4　とあるDV事件

　妻が夫から激しい暴力を受け、2歳の子を連れて、別居・離婚に至ったというケースを例に、考えてみてください。

　夫から妻に対する暴力は、段る・蹴る、時には顔の形が変わるほどでした。暴力に耐えかね、妻が110番通報し、警察が夫を逮捕したことをきっかけに、別居・離婚に至りました。妻は、心身ともに大きなダメージを受け、心療内科に通い、夫から身を隠して、子とともに落ち着いて生活を始めました。

　その矢先、夫から、「子と会わせてほしい」といった希望がありました。妻の代理人としてどのように対応しますか？

　現在、家庭裁判所では、別居後の親との面会交流を、積極的に実施する方向で調整する考え方が一般的です。たしかに、離婚しても、両方の親と交流が持てることは、子の発育にとって大切なことです。また、夫の「子に会いたい」と思う気持ちも、当然、理解できます。

　類似ケースで、裁判所は、面会交流を積極的に進める進行をとりました。夫が子には暴力をふるっていないこと、子が夫に対して好意的な感情を持っ

ていること、などが理由です。しかし、妻は、面会交流の協議の中で、間接的にでも夫と接触するようになり、さまざまな体調不良をきたすようになりました。直接、夫とは対面はしませんが、同日・同時間に同じ場所に行かなければならないことは、妻にとっては精神的な負担でした。また、自分の体調不良のせいで、子を父に会わせることができない、自分のせいだ、と、自分を責めるようになります。

　このケースで、子の利益を優先して、面会交流を進めることが果たしてあるべき進行でしょうか？裁判所の前提とする、一般的な理念は理解できます。ただ、子を監護しているのは母であり、母が体調を崩してしまったら、結局は、子の利益を害するのではないか。子の生活基盤は、何よりも大切なことなのではないか。そういった視点も、必要です。実際の類似ケースでは、裁判所は面会交流を推し進めましたが、私は、母の代理人として、母に暴力を原因としたPTSD症状が強く出ていることを説明し、一定期間、面会交流の実施を見合わせてほしいという主張をしました。

　もちろん、このケースを前提としても、さまざまな考え方があるでしょう。絶対的な答えがあるわけではありません。一般的な理屈は、個別事例の前ではあくまでも「一般論」です。目の前にあるケースで、裁判所の掲げる理念にとらわれることなく、依頼者の立場から素朴に考え、代理人活動に反映させることが必要なのです。

「弁護士の仕事」を飛び越えろ！

　「弁護士の仕事」という既存の概念にとらわれることも、弁護士職の限界をみずから作り出しています。「それは弁護士の仕事じゃないでしょ」と言われることがあります。しかし、弁護士の仕事の範囲は、誰が決めたのでしょうか？自分の素朴な感覚、良心に従って、「弁護士としてすべき」と思うことは、私にとって、すべて「弁護士の仕事」です。

　特に、離婚事件はこれまで家族であった人たちが離別する出来事です。本当にさまざまな対応が求められます。

　　・別居親と子との面会交流の立ち合い（子と一緒に食事をしたり、ゲームをしたり、動物園に行ったり、遊具で思い切り遊ぶこともあります。）

・依頼者の子の行事への参加（どうしても、依頼者の参加が難しいときに、父兄として参加したことがあります。）

・荷物の引き揚げ・引っ越し業務（実際に、軍手をはめて、荷物の運搬作業をすることもあります。）

　これは一例ですが、一般的な「弁護士の仕事」のイメージとは少し違うものもあるのではないでしょうか。しかし、弁護士が対応することで、依頼者にとっての利益になる、あるいは、子の利益につながる、ということであれば、既存の「弁護士の仕事」にとらわれることなく、積極的に関わっていくべきだと思います。

(4)　笑顔であいさつ！

　最後に、私が代理人活動の中で大切にしているのは「笑顔であいさつ！」です。

　自分の依頼者はもちろん、相手方本人、相手方代理人、担当裁判官、調査官、書記官、関わっている人に対して、気持ちよくあいさつをするということです。単にあいさつが大切だから、ということではなく、その態度が、事件解決の基本だと思うからです。

　裁判官、相手方、相手方代理人とは、時に、主張が対立したり、考え方が違ったりすることで、手続の中では敵対している場合もあります。しかし、主張が対立することと、事件を一緒に解決していく信頼関係を醸成する、ということはまったく別の問題で両立することなのです。

　離婚事件は、単に、裁判で離婚の可否を争うだけではなく、先に述べてきたとおり、子との面会、荷物の引き取り、健康保険の切り替え、行政の手続など、両当事者で細かな調整をしなければならない場面がたくさんあります。こういった場面で、裁判上の主張が対立しているだけではなく、主張外でも「つんけん」しあって、険悪なムードだと、主張の対立とは無関係な事柄も、意味なく円滑に進まなくなってしまいます。それは両当事者にとってマイナスでしかありません。

　当事者も、弁護士も、裁判官も人間ですから、意味なく敵対的な態度を取られたり、攻撃的な口調で言われたら、良い気持ちはしませんし、敵対的な

気持ちがどんどん高まってしまいます。特に当事者は、もともと感情的になっている場合が多いので、本来協力できることであっても、「協力したくない！」という気持ちになってしまうことはよくあります。これは離婚事件の調整においては、マイナスでしかないのです。

　仮に、主張が真っ向から対立していたとしても、関係当事者と一緒に事件を解決していくという信頼関係を醸成することができれば、最終的には依頼者にとってよりよい解決になることが多くあると感じています。

　その象徴が、やはり「笑顔であいさつ！」だと思うのです。

6　おわりに

　ここまで、家事事件専門弁護士として、大切にしていることをお話してきました。苦労も多く、攻撃されることもあり（悪徳弁護士！と罵られたこともあります。笑）、悩むことも多いですが、人生の岐路をともに闘い、事務所に来た時には落ち込んでいた依頼者が、解決に向かうにつれて元気を取り戻していく様子を見るのは、何よりもうれしい瞬間です。そして、子どもと関わる機会があるのも、楽しさの一つです。子どもは、感受性豊かで、幼くてもたくさんのものを見て、自分なりにたくさんのことを考えています。できるだけ紛争下にいる子どもと実際に会い、積極的に関わっていきたいと思っています。

　そして、私は、家事事件以外にも、夫婦別姓訴訟弁護団の事務局長をしていたり、子宮頸がんワクチンの薬害訴訟に関わっていたりします。いずれも、国を相手に闘う訴訟です。弁護士は、自分なりの思考で、素朴な正義感に沿って仕事ができる自由な仕事です。自分が理不尽だと思うことに、法律というツールをもって正面から闘うことができるなんて、かっこいいと思いませんか？　私は、こんなにやりがいのある仕事は他にないと思いますし、弁護士という仕事に、とても誇りを持っています。

　少しでも、弁護士、家事事件の仕事に興味を持っていただければ、うれしいです。

労働者とともに闘う弁護士として

旬報法律事務所

小 野 山 静

1　はじめに

　私は、2013年12月に弁護士登録し、2014年1月に有楽町にある旬報法律事務所に入所しました。旬報法律事務所の理念は、働く人や市民の生活と権利を擁護し、平和と民主主義を守るというもので、労働者側で労働問題を取り扱っています。

　私の担当事件も労働事件が7割程度を占めており、弁護士登録から5年以上が経過しますが、これまで担当した労働事件は、解雇、雇止め、残業代請求、セクハラ、パワハラ、マタハラ、モラハラ、配転、懲戒、労災と多岐にわたります。

　これから、労働問題に取り組む弁護士になるまでの経緯、労働事件の解決手続や個別の労働問題の内容、そして、労働問題に取り組む弁護士としての思いなどをお話して、労働問題に取り組む弁護士の姿をみなさんに知っていただければと思っています。

2　労働問題に取り組む弁護士になるまでの経緯

⑴　回り道に回り道を重ねて

　弁護士を目指すようになった時、私はすでに25歳になっていました。大学卒業後、企業に就職したのですが、激務で体調を崩してわずか数か月で退職し、そこから大学院に進学して歴史学を研究していました。

　大学院ではフランス革命期の女性労働者の実態について研究していたので

すが、研究していく中で、歴史上の女性労働者が置かれている状況と現代の、特に日本の女性労働者が置かれている状況はあまり変わらないのではないかと感じることが多く、次第に、今生きている女性や労働者の権利向上のために自分には何ができるだろうと考えるようになり、そこで行きついた答えが弁護士でした。

(2)　ゼロからのスタート

　26歳の春に早稲田大学ロースクールに入学しましたが、法学部出身ではなく、入学前に基本書を数冊読んだ程度でしたので、法律の知識はほぼありませんでした。入学直後、友人から行為無価値と結果無価値（これらは対立する刑法の理論体系です）のどちらをとるか質問され、「何それ？」と返したのを覚えています。

　それくらい知識のない状態であったため、最初の1年間は平均睡眠時間3、4時間でとにかく朝から晩まで勉強しました。しかし、不思議と苦ではありませんでした。早稲田大学ロースクールの先生方による授業の内容が新鮮かつ刺激的で、私は法律の勉強に夢中になっていきました。

(3)　回り道を辿ったからこそ得られたもの

　回り道を経て、私は30歳で司法試験に合格し、31歳で弁護士になりました。年齢的なものもあり、就職活動は決して楽ではありませんでした。けれど、弁護士になるまで回り道を辿ったことについて、私は何ひとつ後悔していません。

　自分が労働者として苦しい経験をしたことや女性労働者の歴史に関する研究をしていたことから、弁護士として女性や労働者の権利向上のために貢献していきたいという具体的な目標が生まれ、そうした目標があったから法律という未知の分野の勉強も死に物狂いで頑張ることができ、そして、つらく苦しい立場に追い込まれた労働者とともに闘う今の自分につながっているのです。

3　労働問題への取組み

(1)　労働事件の進め方

　これは労働事件に限ったことではありませんが、まずは依頼者である労働者から丁寧に事実を聴き取ることが重要です。具体的には、前提として会社との間でどのような労働契約を締結しているか（契約期間は無期か有期か、賃金体系、入社時期など）、どのような問題が起きているのか（会社を辞めさせられた、残業代を払ってくれない、異動させられた、パワハラやセクハラを受けた、内定を取り消された、など）、労働者としてはどのような対応を求めていきたいのか、これらの点を把握する必要があります。

　そのうえで、弁護士として、事件の見通しを立て、労働者にわかりやすく説明します。弁護士はどうしても専門用語を多用しがちですが、専門用語ばかりで内容がわかりにくい説明をしたとき、不安になるのは依頼者です。私はなるべく普段の会話で使っているような単語を使って説明するように心がけています。

　そして、労働事件に特有といえるかもしれませんが、労働問題は労働者の生活に直結するものであり、労働者は今後も働き続けることができるのか、これからの生活をどうしていけばいいのか、大きな不安を抱えています。そのため、解決までにおよそどのくらいの時間がかかるか、どのような流れが考えられるか、今後の生活保障をどうするか、これらの点についても十分に協議し、これから一緒に労働事件を闘っていく労働者の不安を少しでも軽減できるよう努めています。

(2)　労働問題を解決するための手続

　弁護士が関わる主な手続としては、交渉、裁判手続、行政手続があげられます。

ア　交渉

　事案の内容にもよりますが、労働事件においては、裁判手続を起こす前に一度交渉を行うことが多いです。労働者が経済的にも社会的にも不安定な状

況に置かれているような場合には、交渉によって早期解決を図ることも非常に重要といえます。

　もっとも、当然といえば当然ですが、交渉でまとまる事件ばかりではありません。特に、ブラック企業と呼ばれるような、長時間労働を強いて労働者を使い潰し、悪質な残業代不払いやパワハラなどを繰り返しているような会社とは、交渉で解決に至ることはなかなかありません。交渉が決裂した際は、裁判手続に移行します。

イ　裁判手続

　労働問題に関する裁判手続としては、訴訟、労働審判、仮処分の3つがあげられます。これまで私が経験してきた件数としては、訴訟か労働審判が多いです。

　まず訴訟ですが、金額面などで譲歩せずに権利を強く主張していきたい場合（解雇された労働者が復職を強く望むとき、未払い残業代満額の支払いを求めるときなど）に適した手続といえます。その分、立証の程度も高度なものが要求され、証拠となる資料の有無が勝負の分かれ目となります。労働関係訴訟の審理は長期化する傾向にあり、2018年の労働関係訴訟の平均審理期間は14.5月となっています（裁判所「地方裁判所における民事第一審訴訟事件の概況及び実情」『裁判の迅速化に係る検証に関する報告書（第8回）（令和元年7月19日公表）』57頁）。

　次に労働審判ですが、裁判官1名と労働審判員2名で構成される労働審判委員会が労働者と使用者のそれぞれから事情を聴き取ったうえで、解決案を提示しながら解決を図っていくという手続になります。原則として3回以内の期日で審理を終結させる手続のため、紛争解決までにかかる期間が短縮されるというのが最大の特徴です。2018年の労働審判の平均審理期間は80.7日となっており（同報告書64頁）、およそ2か月半で審理が終結していることがわかります。第1回の期日で労働審判委員会の心証が形成されることが多い、つまり、勝負がほぼ決まりますので、労働審判の第1回期日前は「絶対に負けられない」とより一層強く気を引き締めて臨みます。

　最後に仮処分ですが、緊急性を要し、訴訟や労働審判による解決を待っていては労働者への打撃が大きすぎる場合に選択することが考えられます。典型的には、解雇に対する賃金仮払い等仮処分があげられます。

ウ　行政手続

　私がこれまで経験したことのある行政手続としては、労災申請があげられます。過労死や過労自死、勤務中・通勤中の事故など、業務に起因して被災した場合、労働者災害補償保険法に基づき、労災を申請することができます。過労自死した労働者の遺族の代理人になった際は、労働者が生前住んでいた場所の周辺に行って証拠を収集したり、代理人意見書を作成して労働基準監督署に提出したりしました。家族をある日突然失った遺族の悲しみは深く、だからこそ、代理人としてできることは何かを必死で模索して行動したのを覚えています。

(3)　個別の労働問題について

　ここからは、個々の労働問題について少し詳しく見ていきたいと思います。

ア　解雇

　「解雇」とは、「使用者による一方的な労働契約の解約」です。一方的とは、労働者の承諾が必要ないという意味です。なお、労働者が混同していることが多いのが、退職勧奨と解雇です。これらはまったくの別物です。たとえば、社長から呼び出されて、「君、辞めてくれないか」と言われた場合、これは退職してくれという会社からのお願いであって、解雇ではありません。そして、このような退職勧奨に応じる義務は労働者にはありません。

　解雇の話に戻りますが、解雇は労働者の承諾なく行えるものの、何でも許されるわけではなく、客観的に合理的な理由を欠き、社会通念上相当であると認められない場合には解雇権を濫用したものとして無効となります（労働契約法16条）。解雇は、給与でその生計を支えている労働者から生活の基盤を根こそぎ奪い去るものであることから、その有効性は厳しく判断されますし、そうでなければなりません。

　解雇にもいくつか種類があり、普通解雇、懲戒解雇、整理解雇があげられます。

　普通解雇とは、後述する懲戒解雇及び整理解雇以外の解雇を意味します。普通解雇の中で最近特に増加しているのが労働者の能力不足を理由とする解

雇です。しかし、労働者の能力不足を理由とする解雇が有効とされるのは、能力の低下が著しい場合などかなり限定されています。たとえば、仕事でちょっとミスをしてしまったという程度では認められません。

　懲戒解雇とは、懲戒処分の一つとして行われる解雇を意味します。懲戒解雇の場合、退職金の一部または全部が支払われないことが多く、また、再就職の妨げになることもあります。このように、労働者にとって不利益が大きいことから、懲戒解雇については、客観的合理性及び社会的相当性という労働契約法16条による制限だけではなく、懲戒に関する規定である労働契約法15条の制限もかかります。連続26日間の無断欠勤を理由とする懲戒解雇や、酒気帯び運転で検挙されたことを理由とする懲戒解雇は裁判所も有効と判断しましたが、一般的に懲戒解雇はよほどのことがないと許されないです。

　整理解雇とは、会社側の経営事情によって生じた従業員削減の必要性に基づく解雇を意味します。労働者に原因や落ち度があるわけではなく、会社の都合ですので、その有効性についてもやはり厳しく判断されます。

　このように、解雇にもいくつか種類がありますが、いずれの種類に関しても違法な解雇が横行しています。私がこれまで担当した事件でも、メールの文中のささいな書き間違いを理由とする普通解雇や、業績はまったくもって良好なのに行われた整理解雇など、とうてい有効とは認められないような解雇がいくつもありました。しかし、労働者本人がそのような解雇はおかしいと声をあげなければ、解雇はそのままになっていたのです。労働問題に取り組む弁護士として、ひとりでも多くの労働者が声をあげて闘っていける環境をつくっていくことが今後の大きな課題といえます。

　イ　未払い残業代

　解雇事件も多いですが、残業代請求事件も非常に多いです。笑い話のようで笑い話じゃないのですが、ある日お茶をしていたら隣に20代前半くらいの二人組が座っていて、ひとりが「うちの会社、残業代を払ってくれるんだよね」と言ったら、もうひとりが「すごい良い会社！」と返していたのです。思わず心の中で大きく突っ込みました、それは払うのが普通なんだよ、と。

　労働基準法には、労働時間は原則として1日8時間、1週40時間を超えてはならない（労働基準法32条）、休日は原則として週1回以上与えなければな

らない（同法35条）と定められています。そして、①労働者を1日8時間もしくは1週40時間を超えて働かせた場合（時間外労働）は通常の賃金の25％以上の割増（大企業の場合には1か月60時間を超える時間外労働は50％以上の割増）、②休日に働かせた場合（休日労働）は通常の賃金の35％以上の割増、③深夜（午後10時～午前5時）に働かせた場合（深夜労働）は通常の賃金の25％以上の割増が必要です。

　残業代の支払いの有無について給与明細を見て確認するのですが、労働者が持参した給与明細を見てみると、「基本給」の部分にしか数字が入っていない、よくわからない手当はいくつかあるが「残業代」や「時間外手当」といった欄がない、明らかに長時間残業しているのに「時間外手当」の欄に少額しか書かれていない、など本当にさまざまです。なお、アルバイトであっても残業代は支払われますので、アルバイトをされている学生のみなさんはぜひ一度給与明細を確認してみてください。

　時間というものは有限です。労働者はその有限な時間を会社のために使っています。一生懸命働けば働くほど労働者はその生活や時間を会社のために使っている、そこを会社は忘れてはいけないですし、労働者自身も忘れてはいけないと思います。一度使った時間を取り戻すことはできませんが、残業代を請求することでその対価を受け取ることはできます。そういう意味で、残業代を請求するという行動は労働者の権利や尊厳を守るためにとても重要であると私は感じています。

ウ　パワハラ・セクハラ・マタハラ

　パワハラ・セクハラ・マタハラといったハラスメントの事件も年々増加しており、私も常に4、5件くらいは担当しています。一つの事件が解決したと思ったら別のハラスメントの相談が来て、という感じです。

　パワハラ（パワー・ハラスメント）とは、同じ職場で働く者に対して、職務上の地位や人間関係などの職場内の優位性を背景に、業務の適正な範囲を超えて、精神的・身体的苦痛を与えるまたは職場環境を悪化させる行為を指します。ちなみに、パワハラは上司から部下だけでなく、同僚間でも、部下から上司でも成立します。パワハラの典型例としては、暴力、言葉やメールによる人格否定、名誉毀損、隔離や仕事外し、無視、業務と関係ない無意味な

作業をさせる、といったものがあげられます。これまで私が担当した事件では、言葉によるパワハラがとにかく多いです。

　セクハラ（セクシュアル・ハラスメント）とは、職場において、労働者の意に反する性的な言動が行われ、それを拒否するなどの対応により解雇、降格、減給などの不利益を受けることや、性的な言動が行われることで職場の環境が不快なものとなったため、労働者の能力の発揮に悪影響が生じることを意味します。セクハラに関しては、密室内で突然行われることも多いため、録音や目撃者の証言といった証拠が得にくいという問題があり、その結果、被害者と加害者のどちらの供述の信用性が高いといえるかで裁判所が判断せざるをえない場合があります。その際、被害者が抵抗していないことや、セクハラ後に好意的ともとれるメールを送信していることなどをあげて、被害者の行動としては不合理・不自然であるからセクハラの事実はないという主張が加害者側からされることがあります。私が今まさに担当している事件でも、セクハラ後に被害者が送信した食事の御礼を述べたメールが証拠として加害者側から提出され、セクハラではなかったと主張されています。しかし、セクハラ被害者の心理分析に関する研究は蓄積されてきており、職場の人間関係の悪化等を懸念して抵抗や抗議を躊躇したりすることが少なくないという研究結果が出されています。そのような研究結果をふまえた裁判例もあるので、そうした研究結果や裁判例を参考に、被害者がとった行動の背景にある職場環境や心理状況について細かく説明しながら反論している最中です。

　マタハラ（マタニティ・ハラスメント）とは、働く女性が妊娠・出産をきっかけに職場で精神的・肉体的な嫌がらせを受けたり、妊娠・出産を理由とした解雇や雇止めで不利益を被ったりするなどの不当な扱いを受けることを意味します。マタハラ事件を担当して実感したのは、マタハラ被害者が置かれている状況が非常に特殊であるという点です。つまり、労働審判や訴訟で会社と闘っていこうにも、被害者は妊娠中または育児中であり、弁護士との打ち合わせも難しい状況なのです。このような事情から、これまでも多くの労働者がマタハラについて泣き寝入りせざるをえなかったと考えられます。解雇と同様にマタハラについても、労働問題に取り組む弁護士として、電話や

ウェブ方式の活用や子連れでの打ち合わせの実施といった工夫によって、ひとりでも多くの労働者が声をあげて闘っていける環境をつくっていくことが今後の大きな課題といえます。

4　労働者とともに闘う弁護士として

　働いている人たちの多くは、働くことで給料をもらい、その給料で生活しています。また、働いている人たちの多くは、働くことで自分を表現し、自分の価値を認識しています。だからこそ、ある日突然解雇されたら、生活が立ち行かなくなります。くる日もくる日も職場で大声で罵倒されたら、自分自身の価値を見失ってしまいます。労働問題というのは、まさにひとりひとりの労働者の尊厳に関わる問題なのです。

　私自身、就職したものの激務で体調を崩して出社できなくなってしまい、自分はなんて忍耐力のない人間なのだろうと自分を責め続けました。でも、あの時、「会社のやり方にも問題はないのだろうか」「働き方を改善するために会社と話し合ってみたらどうだろうか」、そう言葉をかけてくれて一緒に闘ってくれる弁護士や組合の存在があれば、あそこまで苦しむことはなかったと思います。

　そうした経験があるからこそ、ひとりでも多くの労働者が声をあげられるように、ひとりでも多くの労働者がその尊厳を不当に傷つけられたり奪われたりしたまま苦しむことのないように、限界を決めつけることなく自分には何ができるかを常に考えながら行動する、これが労働問題に取り組む弁護士としての私の指針です。

　労働者の生活と権利を擁護し、その尊厳を守るため、これからも全力で労働問題に取り組み、労働者とともに闘っていきます。

性差別のない社会をめざして

旬報法律事務所

細 永 貴 子

1　弁護士としての活動の原点になっている子ども時代の思い

⑴　小学生のころから、学校や家庭で理不尽だと感じることがいろいろありましたが、当時はどうしたらいいのか全然わからず、一人で悶々としていました。子どもにも意見表明権があることを知らなかったので、とにかく大人の言うことを聞きなさい、というふうに押さえつけられていて、すごく息苦しく感じていました。

特に小学校時代がひどくて、今は違うのかもしれませんが、私が子どものころは「男女の区別」というのをすごく言われていました。何をするにも、いちいち男女で分け、「女は積極性がない」と言われて批判されたり、でも逆に、女子は目立ってはいけないみたいな空気がありました。私は、男女でそんなに違いがあるのか？とすごく違和感がありましたが、そのモヤモヤ感が何なのか、わからないままでした。

また、小学校の先生が管理するようなタイプの人が多くて、こうじゃないといけない、ああじゃないといけない、というのが強く、すごく息苦しかったです。小学校の担任の先生が、言うことを聞かない同級生の胸ぐらをつかんで怒鳴り散らす、人によって態度を変えるなどの差別が日常的にありました。子どもは大人に管理される存在なのか、子どもって一体何なのかな、と疑問を感じていました。

私は中学受験をして中高一貫の私立に行かせてもらい、そこでは外部講師の講演会を聞いたり、生きることを考えるような授業も多かったので、だん

だんと小学校のときに受けた仕打ちは理不尽なものであったことが理解できるようになりました。子どもにも人権があり、一つの人格として尊重されることを知りました。国際条約や憲法、法律がそういった人々の権利を守っていることに魅力を感じ、法律をまなびたいと考えるようになりました。

⑵　本格的に弁護士を目指そうと思ったのは、家庭での自分の立ち位置にすごく疑問を感じたからです。

　私の両親は、私が幼いころから仲が悪く、母はいつも、「あなたたち（私と姉）が大学生になったら離婚する」と公言していました。私が小さい頃は、父は仕事でほとんど家にいなかったので、両親が直接ぶつかる場面は多くはなかったのですが、中学くらいのときに父が転職をすると状況が一変しました。父が毎日、普通の時刻（といっても21時か22時頃）に家に帰ってくるようになり、土日も家にいるようになったら、両親が冷戦状態になりました。母は何かあると、「離婚するから、どちらについていくか決めておきなさい」と言うようになり、私も家の中でピリピリして過ごすようになりました。

　両親はともにフルタイムで仕事をしていたので、どちらに付いていっても生活に困ることはないことは薄々わかっていましたが、私も子どもながらに計算していて、やはりご飯をつくってくれるほうがいいから母かなと考えたり、そうなると父が一人になってしまってかわいそうだから、やっぱり父かなと悩んだり、両親の板挟みになりました。どちらかを選ぶと、他方を捨てたことになってしまって、どちらにも申し訳ないような気がして、どちらかを選ぶことはできないと思いました。

　先ほどの小学校の話ともつながりますが、子どもは大人が与えた環境で生きるしかありません。本当は対等な一人の人格であるはずなのに、実際には大人（親や先生）の管理下というか、支配下に置かれている弱い存在であると思います。経済的に自立していないがゆえに親の言うことを聞かないといけない。人権意識の高い大人が身近にいればいいのでしょうが、私の両親のように、親自身が余裕がない状況になると、言うことを聞かない子どもは反抗的で育てにくい子どもだ、みたいな発想になってしまって、子どもは言いたいことを言えない、家にいても安心感がない状態になります。そういう意味で、子どもは家庭内でも弱い立場にあるということを、肌身で感じて育ち

ました。

　子どもの頃は内向的な性格だったので、学校の先生に相談したこともなかったですし、今のようにインターネットが普及しておらず、携帯電話もパソコンももっていなかったので、当時は、子どもの人権110番という弁護士による相談窓口があることも知りませんでした。ただ一人で悶々と考えて、家出するくらいしか思いつきませんでした。でも、お金がないから家出をしても行くところがなく、やはり嫌でも親のいうことを聞いて我慢するしかありませんでした。今思うと、とても限られた範囲でしか見られていなかったのですが、とにかくどうしたらいいのかわからなくて、苦しかったです。

⑶　大学で法学部に入り、DVや児童虐待などの問題についても学ぶようになり、やはり私が育った環境は普通ではなかったのだ、と気づきました。

　もし当時、誰かが私の話を聞いてくれて、子どもにも自分の意見を持つ権利があることや、子どもは親の所有物ではないこと、自由に人生を選択する権利があることを教えてくれていたら、あんなに嫌な思いをしなくても済んだのかもしれない、と思いました。

　その後に母にも聞いてみたら、母はずっと財産分与のことなど法律の知識がなく、離婚をしたら路頭に迷うのではないかと思っていたため、なかなか離婚に踏み切れなかったと言っていました。早く弁護士に相談して正確な知識を得ていたら、母ももっと早く楽になれていたと思うので、身近に相談できる弁護士がいることの意義は大きいと感じました。

　このような私自身の経験がベースとなって、子どもや、なかなか権利を主張することができない立場の人の想いに光を当てるような仕事がしたいと思ったのが原点です。弁護士であれば、そういうことができるのではないかと思い、弁護士を志しました。

2　働く女性の立場を代弁する仕事

⑴　労働弁護士としてのキャリア

　2009年12月、東京で弁護士登録をしました。早稲田のロースクールで「ジェンダーと法」（当時は浅倉むつ子先生がご担当）を学び、女性の就労に関す

る問題が家庭内の問題ともつながっていると考えるようになりました。また、司法試験の選択科目として労働法を学び、労働問題はほとんどすべての人に関わる基本的な人権問題であると知りました。会社に対して弱い立場である働く人（労働者）の権利を守る仕事に興味を持ちました。そこで、労働者側で労働問題に取り組んでいる法律事務所に所属することを決め、現在まで、たくさんの労働問題に取り組んでいます。

　一言に「労働問題」といっても、不当解雇や残業代未払、不当な配置転換（たとえば、能力や経験に見合わない程度の低すぎる仕事を命じる、退職させる目的で追い出し部屋に追いやるなどの嫌がらせや家庭事情を顧みない配転を行うなど）、心身の不調による休職や労災など多岐にわたります。最近では、職場におけるハラスメントの相談が非常に多くなっています。

(2)　女性が職場において性別による差別を受けるということ

ア　はじめに

　労働問題の中でも、私は特に、性による差別の問題に関心があります。たとえば、職場でセクハラを受けることにより本来の力を発揮することが阻害されたり、出産・育児を経験することに伴い、責任ある仕事を任せてもらえなくなるなどの差別を受ける場合があります。また、より直接的に、出産・育児に伴う制度の利用（軽易業務への転換請求や産休・育休の取得など）を契機として解雇や降格、望まない配置転換などの不利益取扱いを受けるケースもあります。最近では男性の育児休業取得に対する不利益取扱いがメディア等で取り上げられることも増えてきましたが、日本ではいまだに性別役割分担意識が残っているため、出産や育児を主として担うのは女性であるというステレオタイプな価値観に基づき、女性労働者が出産・育児等を契機とした差別的な取扱いを受けることが圧倒的に多いのが実情です。

イ　職場のセクシュアルハラスメント（セクハラ）の事案

　私が実際に担当したセクハラ被害のケースをご紹介します。こういった相談は少なくなく、類似の相談を受けたことが何度もあります。

　事案は、職場で上司から容姿を盗撮されたり、一緒に飲みに行こうと執拗に誘われたりすることから、会社に対し、当該上司に注意をしてほしいと申

し出たが、会社は証拠がないとして取り合ってくれず、上司のセクハラ行為
が長期化、エスカレートし、ついに被害者が精神障害を発症し、働けない状
態になったというものです。精神障害の発症について、上司からの身体接触
を伴うセクハラが原因であるとして、労災が認定されています。

　本来、会社は、労働者からセクハラの相談や苦情があった場合、本人の意
向を確認したうえで、迅速かつ適切に事実関係の調査を行う必要がありま
す。事実調査の結果、セクハラの事実が認定される場合には、行為者への注
意や懲戒処分の実施、当事者の職場配置への配慮などの適切な対応が求めら
れます。また、セクハラの認定ができない場合であっても、再発防止策など
の措置をとる義務があります（男女雇用機会均等法11条及びセクハラ指針）。しか
し、この事案では、会社は事実関係の調査を適切に行っておらず、行為者へ
の注意等も十分にしていなかったため、セクハラの言動がエスカレートし、
被害者が精神障害を発症するという重大な事態に至ってしまいました。

　私が代理人となり、会社及び行為者に対し、セクハラの言動により被った
肉体的及び精神的苦痛に対する慰謝料や、就労不能に陥ったことに対する休
業損害等の賠償を求めました。会社は、セクハラ防止等の対応を怠った事実
はないとして賠償責任を否定し、行為者は盗撮など一部の行為を認めつつ、
賠償額が多額であるとして支払いを拒んだため、交渉が決裂しました。そこ
で、損害賠償請求訴訟を提起しましたが、第一審の手続だけで2年以上を要
し、いまだ解決に至っていません。

　このように、セクハラの被害を受けた場合に、行為者や会社に対して損害
賠償を求める手続をとることは可能ですが（ただしセクハラの証拠があることが
前提）、交渉での解決がかなわない場合には、解決までに長期間を要してし
まうリスクがあり、被害者側の負担が大きいという問題があります。また、
被害者にとっては、訴訟を行うこと自体が多大な心身への負担となるため、
なかなか病状が回復しないケースもあります。代理人となる弁護士において
も、依頼者の心身の状態に対する配慮をしながら事案を進める必要がありま
す。

　ウ　マタニティハラスメント（マタハラ）の事案
　女性労働者が職場への妊娠報告を機にパートタイムへの転換を強要された

り、産休・育休の取得を申し出たところ、「うちの会社には育休制度はない」などの誤った説明を受けて退職を余儀なくされたりするという、妊娠・出産や育休の申し出を契機とした不利益取扱いの事案も多くあります。また、産休や育休を取得した後の復職にあたり、原職または原職相当職に復帰させてもらえないというトラブルもあります。ひどい事案では、通勤が困難な遠方の職場に配置転換をされたり、賃金が減額となる職務変更を命じられるものもあります。

　私が実際に代理人となったケースを紹介します。事案は、外資系企業に勤務する依頼者が、第2子出産にあたり産休・育休を取得し、職場復帰を申し入れたところ、元の職場に戻すことはできないとして復職を拒絶されたというものです。会社は、復職するのであれば、備品の補充・交換などの雑務を主としたポジション（年収は半分以下に減額）または海外の子会社への転籍のいずれかしかないと提示しました。依頼者はこれに応じられないとして、都道府県労働局の雇用調整均等室に調停を申し立てましたが、会社側は復職を認めず、調停不成立となりました。さらに、会社は、産休前のさまざまな事情に基づき依頼者を解雇したため、解雇が無効であること及び育休からの復職拒絶が違法であることなどを訴え、提訴しました。

　訴訟において、会社は、解雇をした理由として、第1子出産前の事情にまでさかのぼり、多数の解雇理由を主張しました。他の事案においても、会社は妊娠・出産や育児休業を契機とした解雇等ではないと主張するために、かなり以前の出来事までさかのぼり、膨大な解雇理由を主張するケースが多いです。産前・産後休業中及びその後30日間の解雇は許されないこと（労働基準法19条1項）、妊娠中の女性労働者及び出産後1年を経過しない女性労働者に対する解雇は無効であるとされていること（男女雇用機会均等法9条4項）との関係で、使用者は、解雇が妊娠・出産や育児休業の取得等とは無関係であることを主張・立証する必要があるからです。

　しかし、実際には、多少の問題があったとしても、育児休業等の取得前までは調整をしながら業務を遂行することはできており、解雇までする差し迫った必要はないという事案がほとんどです。

　私が担当した上記外資系企業における復職拒否後の解雇事案においても、

会社が主張した解雇理由は裁判所に受け入れられず、解雇は無効であると判断されました。加えて、会社が復職を拒絶した態様や解雇の経緯等が違法であるとして、別途、慰謝料の支払いを命じました（控訴審で和解により解決）。

　このように、子を産み育てながら仕事を継続することについて、日本ではいまだに職場の理解が不十分な現状があり、不利益取扱いを受ける事案があります。

エ　セクハラ・マタハラを受けた当事者の思いをくみ取り、法的に主張すること

　セクハラやマタハラの事案では、被害を受けた当事者の言い分はなかなか理解されません。セクハラを受けたら NO と言えばいいじゃないか、マタハラというけど、保育園のお迎えのために残業ができないんだから、責任の少ない仕事に転換することは仕方がないのではないか、子どもが小さいうちは育児に専念したほうがいいのではないか、などの声が聞こえてきます。

　しかし、セクハラは職場における上下関係を背景として行われるため、拒否の態度を表明することは困難です。拒否をしたことにより、解雇や降格、人事評価で低評価を付されるなどの報復を受けたり、会議に呼ばれなくなる、仕事に必要な情報を与えてもらえないといった嫌がらせを受けるなど、状況が悪化する場合があります。会社に対応を求めたところ、被害者側がクレーマー扱いを受けて排除される場合もあります。セクハラを受けたらはっきり嫌だと言えばいいじゃないかという考えは、このように被害者が職場において弱い立場に置かれているという点を軽視した意見であると思います。

　マタハラについても同様です。家庭責任を負わずに、会社が命じるがままに配置転換に応じることができ、いくらでも残業をすることができる労働者を理想として、そのような働き方ができない人は不利益な取扱いを受けてもいいのだ、という考え方は間違いです。子どもが生まれたら父母で協力して育児をすることが原則であり、子を持つことがキャリアにとって不利益に働くことは合理的ではありません（子育ては女性が担うものという価値観を是とした意見にすぎません）。

　職場におけるセクハラやマタハラの事案に対応していくためには、当事者がなぜ NO と言えないのかという心理や、不利益な取扱いが起きる背景事情、根底にある価値観にも注意を払う必要があります。これらをふまえて、

当事者が置かれた立場を法的に構成していくことは、容易なことではありませんが、職場で起きる理不尽な出来事が許されないのだということを提起していく重要な仕事であると思います。

3　性差別をなくすための活動

　一つひとつの事案に取り組み、依頼者が受けた社会的・経済的な不利益を回復すること、不当な扱いを受けた悔しさを理解し、受け止めることで、心の整理をする手助けをすることは、弁護士であるからこそできる仕事であり、とてもやりがいがあります。弱い立場に置かれている人の声を代弁したいという、私が弁護士を志した原点を実現できているという喜びもあります。

　しかし、弁護士につながり、実際に法的措置を起こすことができる人はごく一握りです。理不尽な目に遭ったとしても、さまざまな事情で泣き寝入りをせざるをえない方も数多く存在します。

　やはり、職場において性差別（セクハラ・マタハラなども含みますが、それに限られません）が起きないよう、法制度をよりよいものとすることや、性差別を温存している社会の価値観を問い直すことが必要であると思います。私は、東京弁護士会の「性の平等に関する委員会」や日弁連の「両性の平等に関する委員会」において、差別をなくすための活動をしています。

　委員会では、法改正に対して意見書を作成したり、学習会やシンポジウムを実施してきました。直近では、2020年2月に日弁連が出した「実効性ある包括的ハラスメント禁止に向けた法制度の整備を求める意見書」や、2016年3月に東京弁護士会が出した「性別役割分担意識を解消し、家庭責任を公平に分担するための育児介護休業法の改正に関する意見書」の起案に携わりました。

　また、ジェンダーギャップが少ない（つまり男女平等が進んでいる）フィンランドや、短時間労働者への待遇差別がないオランダに行き、実態調査をしたこともあります。外国で男女平等が実現できた秘訣は何なのか、日本とどこが違うのかなどを肌で感じることは非常に有意義でした。現状を変えたいと

思うのであれば、現状を作り出している根底にある価値観を変えていかなければならないこと、そのためには自分自身が多様な視点からものごとを見られるようになることが重要であると感じています。

4　弁護士として大切だと思うこと

　私が弁護士として学んできたことは、自分とは異なる立場にある人に対する想像力を持つことの重要性です。似たような状況に置かれても、どう感じるのかは人それぞれです。あなたにとってはどうってことがないようなことでも、深く傷ついてしまう人もいます。職場におけるハラスメントの問題は、そういった立場の違いなどから、なかなか人から理解されにくく、職場で声をあげることができない人が多い問題です。

　弁護士として、法律的に正しいことを主張するだけでなく、当事者の置かれた状況をどれだけ理解することができるか、正しい（間違っている）という枠組みを超えて、どれだけ相手の立場に立って理解できるかということが大切であると思います。そうやって理解されることで、たとえ状況が劇的には改善しないとしても、一歩踏み出す勇気を持つことができると思います。

大手企業法務事務所での
キャリアプラン

アンダーソン・毛利・友常 法律事務所 外国法共同事業
矢上浄子

DT 弁護士法人[1]
浜田　宰

1　はじめに

　私たちは、いずれも2007年に早稲田大学ロースクールを修了し、2008年に司法修習を経たのち、企業法務を主に扱う大手法律事務所に入所しました。私（浜田）は、その後2013年から1年間シカゴ大学ロースクールへ留学し、さらに2014年から2年弱、金融庁に任期付公務員として赴任しました。それから、任期満了後に、現在の所属先であるDT弁護士法人へ転職して今に至ります。私（矢上）は、弁護士登録前に中国とアメリカの大学院にそれぞれ留学していたこともあり、入所後は特に留学や出向には行かず、弁護士登録後に入所したアンダーソン・毛利・友常法律事務所に現在も所属しています。2019年1月には同事務所のパートナー弁護士に就任し、管理職的な役割も担うようになりました。

　本稿では、大手法律事務所での業務内容や私たちの経験をお伝えしたうえで、企業法務弁護士としてのやりがいやキャリアプランなどについて、具体的にお話ししたいと思います。本稿が、みなさんに企業法務という仕事について、より興味を持っていただくきっかけとなれば幸いです。

2　企業法務弁護士の実務
——ある企業買収案件を素材として——

　大手の企業法務事務所のほとんどは、M&A、すなわち企業買収関連の業

表1　M&A 案件における弁護士の関与

STEP 1	✓ 秘密保持契約（NDA）、基本合意書（Letter of Intent）の締結 ✓ デューデリジェンス（買収前調査）の実施
STEP 2	✓ 買収契約等の交渉、締結 ✓ 公開買付手続（TOB）、対外公表（適時開示）
STEP 3	✓ 独占禁止法上の企業結合届出・審査 ✓ 各種許認可の変更、取得
STEP 4	✓ 買収契約・融資契約の実行（クロージング） ✓ 完全子会社化の手続（株式合併、全部取得条項付種類株式、SoA） ✓ 各種登記・人事労務の継承

務を大きな柱の一つとしています。そのため、企業法務弁護士が実際の M&A 案件にどのような形で関わっているのかを知ることは、企業法務について考えるうえで参考になるのではないかと思います。それではまず、売主が、その保有する対象会社の株式を、すべて買主に譲渡するという M&A 取引を素材として、買主側の弁護士がどのような業務を担当するかをご説明します。

　M&A 取引は、通常、表1に記載したようなステップを経て行われます。専門用語が並んでおり、なぜこのような複雑な過程を経るのか不思議に思われるかもしれません。端的にその疑問にお答えすると、それぞれの会社にどれだけの価値があるのか、どのようなリスクを抱えているのかを適切に評価するためには、その会社の内部を慎重に調査し、何か問題があれば着実に手当てを行う必要があるからです。

　会社はすべて「一点物」です。その事業の内容や組織形態はもちろん、積み重ねてきた歴史も、利益を生み出す仕組みも、それぞれ千差万別です。また、M&A 取引では、株式の譲渡価格が数十億円、規模によっては数百億円に上ることも珍しくありません。そのため、その会社に本当に対価に見合った価値があるのか、重大な問題を抱えていないかなどを、専門家に慎重に調査させることが重要なのです。

　次に、表1をもとに、企業法務弁護士の関わり方を具体的にご説明します。

　通常、買主から売主へ、対象会社の株式の取得につき意向が示された段階で、買主は売主と秘密保持契約や基本合意書を締結します。その後、買主は売主から対象会社の非公開情報の開示を受け、詳細な調査を行います。これが「デューデリジェンス」と呼ばれるプロセスです。買主はこのような調査を経て、対象会社の企業価値や内在するリスクを把握・評価していきます。

　私たち弁護士は、この段階で秘密保持契約や基本合意書をドラフトしたり、買主側を代理してデューデリジェンスを実際に担当する役割を担います。特にデューデリジェンスにおいては、対象会社の取締役会議事録、社内規則、取引先との契約、許認可、資産台帳、従業員リスト、係属中の訴訟書類などの膨大な資料を短期間で読み込み、法的な問題点を分析・検討したうえで、買主から示された期限までに詳細な報告書をまとめ上げることが求められ、M&Aのプロセスの中でも最も作業負担が重い部分です。なお、デューデリジェンスは通常、対象会社の規模や内実に応じて、数人から十数人のチームで対応します。対象会社が金融機関や製薬会社などの規制業種に従事している場合は、それらの規制に詳しい弁護士がチームに加わることもあります。

　デューデリジェンスが完了すると、今度はデューデリジェンスの結果をふまえ、売主と買主とで株式譲渡契約の交渉に入ります。この段階になると、中堅以上の弁護士が少数で契約のドラフティングや交渉を担当することが一般的です。また、同じ時期に、買収資金を調達するため、買主は金融機関との間で借入や担保権の設定について交渉を始めますが、この場面では、ファイナンスを専門とする弁護士が活躍します。

　契約交渉が一段落した後は、実際の買収に向けた手続が進められます。上場会社であれば金融商品取引法や上場規則に基づく適時開示等が必要となりますし、買主と対象会社の売上規模や取引の手法によっては、独占禁止法上の企業結合届出を提出する必要が生じます。特にグローバル企業によるM&A案件では、複数の国で企業結合届出が求められることも珍しくなく、その場合には、独占禁止法を専門とする弁護士が届出作業や各国当局との折

衝に当たります。

　これらの段階を経て、取引の実行に必要な手続がすべて完了した後、ようやく対象会社株式の譲渡が実行されます。これが、「クロージング」と呼ばれる最後のプロセスです。M&A案件では、弁護士の関与はクロージングを迎えることによりいったん収束しますが、その後も、たとえばデューデリジェンスで判明しなかった問題が浮上したり、株式譲渡契約で補償の対象としていたリスクが顕在化したりなど、弁護士に再び「お呼び」がかかる場面も少なくありません。このような場合、買主としては、訴訟や紛争解決を専門とする弁護士の関与のもと、売主に補償を請求するかどうかを考えることとなります。

　このように、M&A案件では、数多くの弁護士がチームを組み、それぞれの専門性や知見を生かしながら、協力して案件を進めていくことになります。大手企業法務事務所の新人弁護士も、まずはデューデリジェンスのチームに加わり、先輩弁護士から作業を教わりつつ、さまざまな問題を検討しながら企業法務弁護士としての知見を広げていくことになります。

3　大手法律事務所のランキング

　ではここで、日本の大手法律事務所の顔ぶれについて見てみましょう。「ジュリナビ」というウェブサイトでは、毎年、法律事務所に所属する弁護士数に基づいたランキングが公表されています（表2）。

　このうち1位から5位の法律事務所は、いずれも所属弁護士数が数百名に及ぶ、いわゆる「五大」法律事務所です。その下に、7位のシティユーワや、大阪の事務所である大江橋などの企業法務事務所が続きます。2000年代の初めに、日本でも所属弁護士数が100名を超える大型事務所が誕生したことがニュースになっていたことからすると、日本の法律事務所がここ20年のうちに急激に拡大したことがおわかりいただけるかと思います。

　このような大手の企業法務事務所は、M&A、国際取引、労務、知的財産、倒産・事業再生、紛争解決など、多岐にわたる法的分野を取り扱っています。今や私たちは、企業のグローバル化やIT化に伴い、伝統的な法的

表2　日本の大手法律事務所のランキング

位	事務所名	弁護士数	所属弁護士数合計※
1	西村あさひ法律事務所	590	598
2	アンダーソン・毛利・友常法律事務所	480	488
3	長島・大野・常松法律事務所	477	484
4	TMI総合法律事務所	458	477
5	森・濱田松本法律事務所	457	463
6	弁護士法人ベリーベスト法律事務所	229	231
7	シティユーワ法律事務所	158	158
8	弁護士法人アディーレ法律事務所	153	153
9	弁護士法人大江橋法律事務所	143	148
10	渥美坂井法律事務所・外国法共同事業	135	144

※外国法事務弁護士・提携先所属弁護士数含む。1位～5位（太字）はいわゆる五大法律事
　務所を示す。
出典：2020年1月のデータ（「ジュリナビ2020年全国法律事務所ランキング200」より）

サービスのみでは企業の抱える問題に対処できない時代を迎えています。そのため、大手の企業法務事務所においても、いわばデパートのように、あらゆる法分野で質の高い法的サービスをワンストップで提供できることが強く求められているのです。

　このように大規模化した法律事務所で、弁護士以外にどのくらいのスタッフが働いているか、みなさんおわかりでしょうか。私（矢上）の所属するアンダーソン・毛利・友常法律事務所では、知的財産案件で活躍する弁理士、登記や文書作成を担当する司法書士やパラリーガルのほか、トランスレータ、秘書、経理、ITなど、総勢数百名のスタッフが働いています。特に、私たちのように国際的な案件を多く扱う事務所では、法律文書を正確に翻訳できるトランスレータを多数擁していることが特徴的です。最近では、AIによる自動翻訳を導入する例も増えてきましたが、法律文書において誤訳は許されないため、専門的な訓練を積んだトランスレータが作業に当たっています。

4　隣接サービスとの間での相互参入

　次に、近年の動きとして、会計系の事務所が法律事務所を設立・拡充する動きが目立っています。デロイトトーマツ、EY新日本、PwCという大手の監査法人を中核とし、コンサルティングや税理士法人等によるサービスの統合化を図っている会計系事務所が、法律事務所を設立し、その人数を拡大させています。これに対して、大手の企業法務事務所のうち、森・濱田松本法律事務所が傘下に税理士法人を、東京・大阪・名古屋の3拠点体制で立ち上げています。このように、法律分野の枠に閉じこもらずに、それぞれの事務所が隣接する専門サービスにおけるサポートを広げていく動きが、今後も加速する可能性があるといえます。

　また、大手の企業法務事務所が、海外展開を積極的に進めていることも注目に値します。たとえば、アンダーソン・毛利・友常法律事務所は、中国で2拠点のオフィスを擁し、さらにシンガポール、タイのバンコク、ベトナムのホーチミン等にオフィスを開設しています。日本企業が海外で活躍を続け、日本の法律事務所がこれを支えるといった形で、相互に良い循環が維持されるかぎり、大手企業法務事務所による海外進出の動きは今後も拡大が続いていくと思われます。また、最近では、海外のオフィスにおいて、日本への進出を希望するアジア企業へのサポートを行うことも増えているようです。

　海外に目を向けると、日本でも弁護士数で10位にランクインしている米国の法律事務所であるベイカー＆マッケンジーは、全世界では6,000名を超える世界最大の弁護士数を擁しています。また、数年前には、中国とオーストラリアの大手法律事務所が合併し、2,000名を超える弁護士が所属する、アジア最大の法律事務所が誕生しています。このように、法律事務所の大規模化、グローバル化では、英米系や中国系の事務所が先行しているのが実情です。

5　企業法務弁護士としてのキャリアプラン

　少し角度を変えて、大手企業法務事務所に入所した弁護士が、どのように将来像を描いているかをご紹介します。一般的なキャリアのステップを図解すると、表3のようになります。まず、司法修習を終えて、ジュニアアソシエイトとして法律事務所に入所すると、1か月半、みっちり研修を受けます。ここでは、大手の企業法務事務所での実務に備え、司法修習ではやらなかったようなデューデリジェンス・レポートの作成や英語での法律文書のドラフティングのほか、会社法、金融商品取引法などの先端的な議論を学びます。実務に投入された後は、1年目から4年目くらいにかけて、とにかくがむしゃらに働きます。海外の依頼者とのやり取りでは、電話会議が深夜に及ぶことも多いですし、M&A案件では、作業量に比してスケジュールがタイトであることもあり、忙しい時期は土日も事務所にいるといった生活も珍しくありません。

　そういった期間を経て、さまざまな案件に関与しある程度経験を積んだ後に、留学や海外研修という機会が与えられます。たとえば、私（矢上）が所属する事務所では、アソシエイトの大多数がだいたい3〜4年目くらいで海外のロースクールに留学します。留学中は、それまで昼夜問わず働いていたアソシエイトたちも、羽を伸ばして現地での異文化交流を楽しんだり、働き始めて初めてわかるような勉強の面白みというところを見出して、自分の専門分野の研鑽を積んだりしています。

　このほか、大手企業法務事務所では、留学に前後して、企業や官公庁に出向するアソシエイトも増えています。専門的な知見を得たり、依頼者との関係を深めたりなど、出向の目的はさまざまですが、法律事務所とは別の業界に身を置くことで得られる経験は、弁護士としての視野を広げるうえでも貴重な糧となります。

　留学や出向を経て法律事務所に戻ると、今度はシニアアソシエイトとして、自分の専門分野をさらに深めるという段階に入ります。この時期になると、依頼者と直接やり取りをする機会も増えますし、ジュニアアソシエイト

表3　大手法律事務所でのキャリアステップ

に指示を出しながら、みずからチームを率いて案件を進める場面も多くなります。

　シニアアソシエイトの時期を過ぎると、パートナー審査という関門があります。ここで、パートナーとして引き続き事務所に残るのか、それとも事務所外でのキャリアを目指すのかという選択に直面することになります。大手企業法務事務所に入所したアソシエイトのうち、パートナーやカウンセルとして事務所に残るのは半分以下で、転職や独立といったキャリアパスを選ぶ弁護士も増えています。特に最近では、大手企業法務事務所に所属する弁護士の転職先として、企業のインハウスローヤー（企業内弁護士）のポジションが注目されています。大手の商社や金融機関ですと、インハウスローヤーの中にもコンプライアンス担当、レギュラトリ（規制）担当、株主総会や労務などの総務担当といった形で、大手企業法務事務所のような分業制をとっているところも増えており、その総数は2,000名を超えるといわれています。これはひとえに、グローバルにビジネスを展開する日本企業が、法律業務を弁護士に任せることの重要性について意識し始めたことのほか、法科大学院制度が始まり弁護士の数が増え、企業としても以前よりも弁護士を雇いやすくなったということが、背景にあると思います。

　また、官公庁においても、弁護士を「任期付公務員」として採用する機会が増えています。私（浜田）も2年弱、金融庁の企業開示課に出向していま

したが、数十名の課員の中に、弁護士が５名ほど、会計士が６、７名ほどおり、かなりの専門家が任期付で入ってきている状態でした。ほかにも、経済産業省、外務省、公正取引委員会など、複雑な法律業務を扱う官公庁では、外部の弁護士の知見を借りて、法改正や監督・審査といった業務を任せる例が増えています。弁護士としても、出向期間中は待遇面では法律事務所よりも下がるケースが多いものの、法執行の現場を知ることで、他の弁護士との差別化のチャンスを手に入れることができるという思惑もあり、相当数の弁護士が出向を希望しています。

6　大手企業法務事務所で働くことの魅力

　ここまでの話で、企業法務弁護士といっても、いろいろな活躍の場があるということがおわかりいただけたかと思います。そこで最後に、私たちがこれまで10年ほど企業法務に取り組んできて、どのようなところにやりがいや魅力を感じてきたかをお話しさせていただきたいと思います。

　大手企業法務事務所で大規模な案件を扱う場合には、小さな案件であれば検討しきれないような論点についても、より掘り下げた検討が求められます。また、改正されたばかりの法律への対応や、他国の法律と日本の法律との間に存在する不一致への対処など、明確な答えがない法的問題が頻繁に持ち込まれます。こうした案件で、関連する裁判例や学説などを徹底的に調査し、自身が培ってきた法的知識や先輩弁護士の助言を活用して検討を重ね、一定の結論を導きだす過程では、自分の視野を広げてゆく喜びを味わうことができます。また、そうした経験を通じて、専門性や独自性を確立してゆく機会も豊富です。ルーチン業務のみならず、知的好奇心を満たしたいと望む方にとって、大手企業法務事務所は非常に良い場所といえるかと思います。

　また、国際的な契約交渉や紛争解決案件においては、日本企業の代理人として、相手方の外国企業とどのように交渉するかという、戦略的な検討を行う機会もあります。交渉がうまく進まないときには、法規制や裁判例を調査して代替案を探ったり、改めてリスク評価を行い交渉の目標を修正するなどして、打開策を検討していきます。お互いの出発点に相当な開きのある交渉

でも、長い時間をかけて相手方との信頼関係を築き、最終的に合意に至ることができたときには、この上ない達成感があります。このように、依頼者の代理人としてそのビジネスの発展や防御に貢献することができるのも、企業法務弁護士の醍醐味の一つといえます。

　企業法務弁護士に対する依頼者からの要求は高く、また最先端の議論へのキャッチアップも恒常的に必要であり、プレッシャーは大きいのですが、一つの仕事をやり遂げたときの達成感は何物にも代えがたいものです。幸いなことに、企業法務弁護士の業務は拡大を続けており、私たちの事務所も慢性的な人出不足の状況にあります。また、大手企業法律事務所では「ワーク・ライフ・バランス」が望めないと揶揄された時期もありましたが、今では育児・介護にたずさわる弁護士のための制度も拡充され、多様な働き方が認められるようになっています。本稿で少しでも企業法務弁護士の仕事に興味を持ってくれたみなさんの、新たな挑戦をお待ちしています。

　注
　1　原稿執筆当時。

知財弁護士

株式会社エブリー
寺下雄介

1　はじめに

　はじめまして。私は、2009年に早稲田大学ロースクールに入学し、2013年12月に弁護士登録、そこから約7年間、法律事務所にて知的財産業務を中心とした企業法務に従事し、その後、現在の所属に移りました（本稿は、前職在籍中に執筆したものであるため、時制などそれをふまえてお読みいただけますと幸いです）。

　お仕事の内容としては、特許訴訟を中心として、知的財産権（知財）と呼ばれる分野を扱うことが多いです。私の場合、業務の大半は知的財産権に関するものです。知的財産権は、企業活動を行う場合には必ず登場する分野ですが、知的財産権を専門的に扱う弁護士は、弁護士人口としてはそれほど多くないようです。そこで、若輩者ながら自分の実務経験をふまえて、知財の制度や業界、私のお仕事の一端をご紹介したいと思います。

2　知的財産権とは

(1)　実務家の言葉を借りて

　一番初めに、知的財産実務の先頭にたって活躍されてきた方の著書の一部を紹介させていただきます。

　「世界の産業競争はフェアプレーばかりではない。企業の活動の目的は収益を上げることなので、直接それを狙うためには賄賂を使って市場に参入することもあれば、水面下でライバルの足を引っ張ることも平気でする。ライバル企業のやり方がずるいと思っても、法律違反にならない限り、こちら側

からは手の出しようがない。

　そのような中で知財は、産業競争において直接相手に行使できる、唯一の武器である。知財の権利行使により、相手の企業活動自体を止めることまでできる。知財以外にそのように強烈な制度はない。」（久慈直登『知財スペシャリストが伝授する交渉術　喧嘩の作法』1頁［ウェッジ、2015年］）

　これは、本田技研工業株式会社で30年以上知的財産実務に従事された方の著書の冒頭の一節です。世界におけるビジネスの現場で戦ってこられた方の実感がこもっていると思います。興味のある方は、ぜひ一度読んでみてください。

　ここで重要なのは、知財が、適法に直接相手に行使できる唯一の武器であるという点です。だからこそ、知的財産権の取得、活用には、戦略が重要になってきます。知財弁護士の仕事は、クライアントと議論しながら、クライアントの知財戦略の構築、実践を通して、クライアントとともに戦うことです。

(2)　知的財産とは形のない財産

　そもそも、知的財産権というものをご存知でしょうか。知的財産権という言葉を聞いたときに、どういったものが思い浮かぶでしょうか。漫画、アニメ、音楽、映画などが思いつく方が多いかもしれませんね。みなさんの想像は正しく、これは「著作権」と呼ばれる権利に関する問題であり、「著作権」は「知的財産権」の一つです。私もつい先日映画館に映画を見に行ったのですが、本編が始まる直前に、「映画の隠し撮りや、アップロード、ダウンロード等は違法です！」といった趣旨の注意喚起をする動画が流れていました。みなさんの中にも、見たことがある方が多いのではないかなと思います。

　それでは「特許権」という言葉はいかがでしょうか。「特許」という言葉をどこかで聞いたことがある方は多いのではないかと思います。「特許を取った」というと、優れた技術であることを認めてもらったようなイメージがあるでしょうか。お金を生み出す発明というイメージがあるかもしれません。そのイメージの方向性は、正しいと思います。

　単純化していえば、「特許権」というのは、これまで世の中になかった技術的なアイデアを生み出した人に対し、国が与える権利のことです。この技術的なアイデアのことを、特許法では、「発明」といいます。「特許権」も、「知的財産権」の一つです。

　「著作権」と「特許権」の話をしましたが、両者は似ていると思いましたか。それとも、ずいぶん異なるものだと思ったでしょうか。どちらも「知的財産権」である以上、共通点はあるのです。

　両者の共通点は、「形がない」ということです。「知的財産権」は、「無体財産権」とも呼ばれています。体が無い財産を守る権利だから、「無体財産権」です。無体財産という言葉は、体の有る財産、有体財産に対応する概念ですね。

　有体財産というのは、形があるもの、すなわち見たり触ったりできるものです。たとえばみなさんは、スマートフォンを持っていますか。私はiPhoneを手放せないような生活を送っておりますが、私は、このiPhoneを、見たり触ったりすることができます。このiPhoneの機体は、形のある財産であり、有体財産なのです。有体財産の大きな特徴は、複数の人が同じ有体財産を同時に利用できないということです。たとえば、私がこのiPhoneを使っている間、みなさんはこのiPhoneを使うことができませんよね。

　一方、iPhoneは特許権でも守られています。iPhoneに用いられている多くの技術が、特許権で守られているのです。しかし、技術思想自体はアイデアですから、私たちは、その技術自体を見たり触ったりすることはできません。iPhoneに利用されている技術は、形のない財産であり、知的財産（無体財産）なのです。知的財産の大きな特徴は、複数の人が同じ知的財産を同時に利用できるということです。たとえば、みなさんのiPhoneと私のiPhoneには、同じ技術が用いられていますよね。もちろん、私が自分のiPhoneを操作してiPhoneの技術を利用している間、みなさんも同時にご自身のiPhoneを操作してiPhoneに使用されている技術を利用することができます。

　このように、知的財産権には、有体財産権とは異なる特徴があります。知的財産法を専門とする弁護士は、この知的財産権の特徴をよく理解しなければなりません。

(3)　特許制度

　なぜ特許という制度があるのでしょうか。たとえば、みなさんが文房具の会社を営んでいたとします。そして、お金と時間を費やして、「今までと比べて疲れない万年筆」の開発に成功したとしましょう。社会全体からすると、みなさんのアイデアを、社会全体と共有してほしいでしょう。そうすれば、社会の技術レベルが高まります。みなさんの技術をふまえ、さらなる技術が開発されるかもしれません。だから社会としてはみなさんにお願いしたいのです、「あなたの技術を公開してください」と。

　しかし、みなさんはこの万年筆を、従業員と力を合わせて、長い時間と大きなお金をかけて完成させたのです。ただ「公開してください」と言われたから公開したのだとすると、どうなるでしょうか。「この万年筆は売れる」と判断した大手の文房具メーカーが同じコンセプトの製品の製造販売を始めるかもしれません。そうすると、価格競争が始まり、みなさんの会社は、万年筆の開発に要した投資をうまく回収できなくなってしまいます。

　そこで、特許制度の登場です。特許制度は、「あなたの技術を世の中に公開してください。その代わりに、一定の期間、その技術をあなたが独占して実施できる権利を与えますよ。」という制度です。みなさんは特許を取得することにより、一定期間（特許出願から20年間）技術を独占し、その間に投資を回収することができます。回収した投資をもとに、さらなる技術開発に投資することができるのです。一方、特許出願のためには、明細書と呼ばれる技術説明書を添付する必要があります。社会にとってみれば、明細書を通して、新しい技術が公開されることになります。他社は、ここで公開された技術思想をもとに、さらなる技術開発を試みることができます。このようにして、社会全体が発達していくことが期待されます。

3　特許案件を扱う法律事務所

(1)　特許弁護士？　エンタメローヤー？

　知的財産権を専門に扱う弁護士について、しばしば「知財弁護士」という表現が使われることがあります。しかし、実際には、特許分野を中心に扱う

弁護士と、著作権分野を中心に扱う弁護士は、別であることが多いと思います。たとえば私の場合、多くの業務は特許権にかかわるものです。著作権を扱う機会は、平均的な弁護士と比べるとそれなりに多いとは思いますが、私が扱う業務の割合でいえば、特許権に関する業務よりも、ずっと小さな割合です。読者のみなさんがご自身のキャリアを考えるときの参考になると思いますので、知的財産権を扱う法律事務所について、お話してみます。

　特許権を扱う事務所と著作権を扱う事務所は、基本的には異なると考えていただいてよいと思います。なぜなら、クライアント層が異なるからです。法律事務所は、法律ありきで仕事をしているわけではありません。クライアントに対してベストなパフォーマンスを提供することを目的としています。そのため、技術開発やテクノロジーに力を入れる企業のクライアントを多くお手伝いする事務所ならば、特許権に関する業務が多くなるでしょう。他方、いわゆるエンタメローヤーと呼ばれる弁護士のように、エンターテイメント産業のクライアントを多くお手伝いする事務所ならば、著作権に関するご相談が多くなるでしょう。そのため、「知財弁護士」と一言でいっても、特許を中心に扱う弁護士と、著作権を中心に扱う弁護士では、クライアントの性質や業務の内容は、大きく異なります。知的財産分野に関心のある学生の方は、この点を念頭に置いておくとよいと思います。

(2)　総合事務所かブティック型事務所か

　特許案件を扱う法律事務所は、大きく分けて2タイプあると思います。

　一つは、法律事務所としては、複数の法律分野においてクライアントに対する業務を提供し、その中の一つに内部で特許案件を担当する部門ないし弁護士を擁する事務所です。比較的弁護士数の多い事務所によく見られるように思いますが、弁護士数でいえば小〜中規模の事務所の中にも、広い分野の業務に対応しつつ、特許案件の経験豊富な弁護士を有するところもあるようです。

　もう一つは、事務所の業務の大部分が知財関連案件という事務所です。ブティック型法律事務所と呼ばれたりすることもあります。私の所属する事務所は、こちらのタイプの事務所になります。

特許訴訟に関心のある方は、両方のタイプがあることを念頭に置いたうえで、それぞれの事務所に所属する弁護士に話を聞いてみるとよいと思います。

(3)　特許訴訟を扱う事務所は少ない？

いずれのタイプを含めても、特許訴訟を扱う事務所自体が、数でいうとそれほど多くありません。

一つ目の理由は、特許訴訟の数自体が、一般民事案件等と比べて少ないという点がいえると思います。そのため、特許訴訟を担う弁護士も相対的に多くはありません。

二つ目の理由は、特許訴訟においては、技術の議論が求められる場面が多いということがいえると思います。これは、みなさんのイメージどおりではないでしょうか。そのため、技術の勉強をする必要があるのは事実です。法学部の学生の方から、「理系でなくても特許弁護士になれますか」という質問をいただくこともあります。私の感覚では、もちろん素養があるにこしたことはありませんが、技術論に関心を持って勉強することができるのであれば、それほど大きなハードルではないと考えております。現に、大学で理科系を専攻しておらずとも、第一線で活躍されている特許弁護士の方々は多くいらっしゃいます。

三つ目の理由は、他の分野では見られない訴訟戦略が多いことだと思います。まず、特許訴訟の場合、特許庁の手続（「無効審判」といいます）をいかに利用するかというところも、重要な訴訟戦略として考慮しなければなりません。また、多くの特許訴訟においては、特許出願の専門家である弁理士とチームを組んで対応することが多いです。そのため弁理士とのコミュニケーションはきわめて重要です。このような状況は、特許訴訟に特有のものだと思います。

これらの理由から、特許訴訟を扱う法律事務所はそれほど多くないといえます。なかなかノウハウがなければ対応が難しい一方で、多くの法律事務所にとっては頻繁に対応を求められる分野でもないので、多くの法律事務所は、クライアントに対する特許案件のお手伝いが必要になった場合には、信

頼できる特許事務所や知財を扱う法律事務所に相談したり、お願いしたりすることが多いようです。

　また、事務所のロケーションとしては、都市部に集中しているように思います。これは、裁判管轄の問題もあります。特許訴訟の裁判管轄は、地方裁判所レベルでは東京と大阪のみであり、高等裁判所レベルでは、東京にある知的財産高等裁判所のみです。そのため、私が所属する事務所のように、特許訴訟の割合が多い事務所の多くは、東京に事務所を構えています。

4　私の仕事

(1)　所属事務所の紹介

　先ほど、私の所属する事務所は、ブティック型法律事務所のタイプに属するというお話をしました。私の所属する事務所（「所属事務所」といいます）の場合、特許に関する業務が多いです。所属事務所は、弁理士が100人以上在籍しており、広い技術分野について、特許出願の代理をしております。弁護士は比較的少人数であり、特許訴訟や、特許ライセンス契約などのお手伝いをしています。弁理士が特許権を生み出すところをサポートし、弁護士が特許権の活用をサポートするという体制を整えることにより、クライアントの特許活動をワンストップでお手伝いするという理念を持っております。

　数としてそれほど多くはありませんが、日本にもいくつか似たコンセプトの事務所があります。特徴は、数十人を超える弁理士がいること、特許訴訟を扱う弁護士がいることだと思います。

(2)　自分の仕事

　所属弁護士の間にも違いはありますが、私の場合、業務の多くは、特許案件です。特許訴訟はもちろんですが、交渉の代理をすることも多いです。日本企業の場合、特許権侵害の可能性を発見したからといって、いきなり訴えるというのは一般的ではありません。「あなたの会社の製品は、我々の特許を侵害していると考えます」というお手紙を送付することが通常です。手紙を受け取った企業からすれば、本当に特許を侵害しているか検討したうえ

で、侵害していないという判断に至ることもあるでしょう。その場合には、侵害していないという見解をはっきり回答することができます。この場合、特許権侵害の成否について、互いに議論を進めることになります。すなわち、交渉が始まります。そのうち、いくらかお金を払って解決しようという話になることもあるでしょう。解決条件の交渉もきわめて重要です。このような、交渉も、特許弁護士にとって重要な仕事です。最終的に、特許の使用を許諾する条件での合意、すなわちライセンス契約を締結する場合もあります。

　近時は、M＆Aや知的財産権の売買、知的財産権を担保とする融資といった動きも加速しており、知的財産権の価値評価という仕事も重要になってきています。

⑶　私の仕事の特徴

　いくつか、私の仕事の特徴をお話してみたいと思います。

ア　テクノロジーを扱うこと

　やはり最大の特徴は、新しいテクノロジーを扱う仕事であるということだと思います。もちろん勉強することはたくさんありますが、新しい技術、しかも実際に世の中で使われている技術に日常的に触れることができるというのは、とても刺激的なことです。もちろん触れるだけではありません。テクノロジーに一番詳しいのはクライアントですから、クライアントの技術者や知財部の方々と一緒に、議論しながら、技術に対する理解を深め、これを法律上の主張として構成するのが特許弁護士の最大の仕事です。特許弁護士の仕事は、いつもクライアントと二人三脚です。

イ　企業のお手伝い

　個人のクライアントをお手伝いする機会と比べて、企業のお手伝いをする機会のほうがはるかに多いことも特徴といえます。特許権の保有者は、企業であることが多いからです。これは特許の業界に限らないと思いますが、多くの企業の知財部・法務部の方々というのは、自社のテクノロジーを熟知しているうえ、普段から特許出願にもなじんでおり、競合他社との交渉なども経験している方が少なくないため、非常にハイレベルです。そのため、弁護

士も、レベルアップに必死です。しかし、それを重ねていくと、非常にレベルアップできるというのは、大きな魅力の一つだと思います。

ウ　チーム力（1人でやることは少ない）

特許訴訟は、1人でやることはあまりないと思います。多くの訴訟においては、チームで戦います。そのため、チーム力が非常に重要です。まず多くの訴訟において、弁理士との協力が欠かせません。弁理士は、特許の有効性の議論のスペシャリストです。また、先述のとおり、技術の専門家であるクライアントとの協力も欠かせません。

そのため、弁護士は、訴訟専門家として、クライアント、そして弁理士の力を最大限発揮してもらうための環境づくりが何より重要だと私は考えております。日常的な信頼関係もきわめて重要です。やはり、うまく連携できているチームは強いと感じます。

エ　英語力

英語を使う機会に恵まれているというのも、特許弁護士の特徴の一つだと思います。特許は、国ごとに成立するものであり、各国で成立した特許は、原則として各国の中でのみ通用します。したがって、日本の特許を侵害する製品が、アメリカで販売されていたとしても、これを日本の特許に基づいて止めることはできません。アメリカの特許が必要になります。

現代は、多くの企業の事業が日本国内だけではとどまりません。したがって、海外でも事業を展開する企業は、海外における特許取得もきわめて重要な戦略になってきます。それに伴い、海外における交渉や紛争を抱えることもあります。このような場面では、海外の弁護士と日本企業のコミュニケーションが潤滑になるようお手伝いをすることは、日本の特許弁護士にとって重要な役割です。言語面、法律面から、日本の弁護士がサポートできるならば、クライアント企業の負担を軽減することができます。

逆に、日本の特許を有する海外の企業が、日本での特許権行使をしたいという場面もあります。そのような場合、海外のクライアント企業に英語で日本法や裁判実務の説明をしながら、日本の特許訴訟を有利に進める必要があります。

これらの必要性から、特許弁護士の中には留学経験や海外の駐在経験があ

る方が少なくありません。私も、早稲田大学ロースクールを修了後、米国ロースクールに留学しておりました。

5　学生のみなさんへ

　以上、特許弁護士の経験をふまえ、業界の状況や仕事の魅力についてお話しました。みなさんが将来を考えるうえで参考になれば幸いです。

企業等の健全な発展のために
——不正調査等と弁護士——

堂島法律事務所
横 瀬 大 輝

1　はじめに

　「第三者調査委員会」という言葉をみなさんは聞いたことがあるでしょうか。

　第三者調査委員会とは、企業や学校、官公庁などでパワーハラスメントなどの不適切行為や粉飾決算などの不正行為が行われた際に、弁護士などの専門家が、「企業等から独立的・中立的な立場で」、事実関係の調査や原因究明をし、再発防止策の提言などを行う機関をいいます。本稿ではこの第三者調査委員会をはじめとして、弁護士が不正調査にどのように関わっているか、その社会的意義や、やりがい、キャリアプランについてお話したいと思います。また、不正行為等の早期発見・是正に資する「内部通報制度」の構築支援業務についても少しお話したいと思います。

2　自己紹介

　はじめに、簡単に自己紹介をいたします。私は2011年に早稲田大学ロースクールを修了し、2013年に弁護士となりました（司法修習は新65期）。弁護士法人ほくと総合法律事務所という法律事務所で勤務を開始し、2020年10月からは堂島法律事務所にて勤務しています。

　いずれの法律事務所でも、企業法務を中心に取り扱いつつ、一般民事事件や刑事事件などを取り扱っています。特に取り扱わない案件はないので、何でも屋さんといった事務所です。

　近年、企業や学校、官公庁でのパワーハラスメントなどの不適切行為や粉飾決算などの不正行為（以下、総称して「不正行為等」といいます）が明るみになることが多くなり、弁護士がこの不正行為等の調査に取り組むことが増えてきました。私が経験した他の取り扱い業務も、とても面白いものが多く、語り尽くせないのですが、本稿では特に、不正調査案件と内部通報制度の構築支援についてお話いたします。

3　第三者調査委員会の具体例

　一口に「第三者調査委員会」といっても、さまざまな形態があり、設置された委員会ごとにそれぞれ特徴や性質が異なってきますし、呼称も「特別調査委員会」や「独立調査委員会」などと呼ばれるものもあります。細かい話はここでは割愛させていただきますが、以下では、わかりやすさの観点から、企業等からは中立性・独立性のある第三者の専門家が、企業等の不正調査をする形態のことを、「第三者調査委員会」として呼称を統一いたします。

　第三者調査委員会が取り扱う案件は、実にさまざまです。記憶に新しい有名なものとしては、たとえば、スルガ銀行の「かぼちゃの馬車」不正融資事件があります。この事件は、シェアハウスなどの投資用不動産への資金を必要とするオーナーに対して、本来ならば融資基準を満たさないケースでも、審査部門に提出する書類を基準に見合うように改ざん、偽装して融資を承認させるなどの不正が行われていたとされる事件です。

　他にも、最近の有名なところでいえば、体操選手やレスリング選手に対するパワーハラスメントが問題となった事案など、さまざまな問題が第三者委員会の調査対象となっています。

　企業等が設置を公表した第三者調査委員会に関しては、「第三者委員会ドットコム」というサイトに、設置状況や公表された調査報告書がまとめて掲載されています。ここに掲載されている第三者調査委員会の件数を数えると、2013年は18件だったのが、2016年は48件、2017年は43件、2018年は80件と、近年非常に増えています。なお、公表されていないケースもありますので、実際にはもっと多いでしょう。

4　第三者調査委員会の業務内容と弁護士の関わり

(1)　多種多様な関与者

さて、第三者調査委員会の仕事の内容や弁護士としての関わり方について
もう少し詳しく見てみましょう。

多くの第三者調査委員会は、3人など複数の委員で構成されています。委
員には、最低1人は弁護士が選任されることが多いです。これは、弁護士が
証拠に基づいた事実認定をする能力に長けているためと思われます。また、
いわゆる会計不正が問題となるケースでは、公認会計士も委員となることが
多いです。このような士業に限らず、たとえば製品の品質不正が問題となる
ケースでは、問題となっている業界や製品の専門家が委員になることも多い
です。

さらに、事案の規模にもよりますが、調査をより充実したものとし、か
つ、迅速に行うために、委員以外にも、複数の弁護士や公認会計士が調査メ
ンバーとして関与することが多いです。加えて、後述するデジタルフォレン
ジックの専門家も調査メンバーとして関与することが多いです。

このように、第三者調査委員会の案件では、多数の、そして多種多様な専
門家が関与し、議論をしながら調査に臨みます。多いときには数十名体制に
なることもありますので、多種多様な知見・経験を共有しながら調査を進め
ていきます。

(2)　証拠収集──膨大な証拠との格闘──

調査では、まず、客観的な証拠の収集を行います。メール、帳簿など大量
にある証拠から、不正行為等に関連する証拠を見つけ出します。メールなど
を調査する過程では、デジタルフォレンジック（略して「デジフォレ」といいま
す）という手法が欠かせません。デジフォレとは、メールやwordファイル
などのデジタルデータを保全して、削除されているものは復元し、膨大な資
料の中から不正行為等に関連するものを調べ上げる作業をいいます。特に保
全や復元作業は、デジフォレの専門家に行ってもらいますが、最終的には弁

護士みずから、大量のメールやデータを調査します。ときには何万通という膨大な量になることもあり、まさに証拠と格闘する毎日となります。

　デジフォレしたメールの中から、不正行為等に関する証拠を見つけ出すこともよくあります。不正行為等に関与している従業員であっても、不正行為等であるという認識がない場合もありますので、そういったときは、自然にメールで不正行為等について相談したり、指示をしたりしていることもあります。他方で、不正と認識している場合には、証拠を残さないようにするため、メールなどで安易にやり取りしません。ですが、ふとしたメールに不正行為等に関する記載が残っていたり、関与者以外の人のメールに不正行為等に関する情報が載っていたりもします。

　不正行為等の証拠の発見は、仕事柄大量の証拠を見て、立証すべき事項との関連性を見定める能力に長けている弁護士にとっては、一つの腕の見せどころといえるでしょう。

(3)　ヒアリング──信頼関係の構築──

　また、不正行為等の関与者や不正行為等について何かしら知っていると思われる人物からヒアリングをして、事実関係の確認をしていきます。警察でいうところの被疑者取調べと参考人聴取といったイメージです。ヒアリングも、弁護士の腕の見せどころの一つです。

　弁護士は民事訴訟や刑事訴訟で証人尋問に慣れています。供述者の矛盾をついたり、客観的な資料をベースに言い逃れる余地をなくしながら攻めていったり、証人尋問で培ってきた経験を活かして攻めていきます。「この人にはウソをついても後でバレてしまうな」と思わせることも重要です。そのためには、前述のとおり、膨大なデータの収集と精査をして、入念な準備をしてヒアリングに臨むことが重要になってきます。

　また、自身が不正行為等に関与している人は、時には自己の保身のために、時には会社のために、調査に対して真摯に回答してくれない場合もあります。

　ところで、第三者調査委員会の調査が警察や検察による捜査と大きく異なる点は、強制捜査権がないことです。そのため、第三者調査委員会の調査

は、対象会社やその従業員から任意の協力をお願いすることを前提とするものです。証拠収集にせよ、ヒアリングにせよ、任意に調査に協力してもらえるかどうかは、対象会社やその従業員との間で、信頼関係を構築することができるかどうかにかかっています。つまり、調査に協力することが、最終的には会社のために、そしてそこで働く従業員自身にとっても良いことであると感じてもらえるかどうかが重要なポイントになります。どうしても保守的になってしまう人も中にはいますが、根気強く、粘り強く話をすることで、次第に心を開いてくれて、少しずつ事実を話してくれることもあります。決して敵対することはなく、またおもねることもなく、中立性・独立性を保ったまま信頼関係を築き、会社のためには何をすることがよいのかを考えてもらうことが、重要になってきます。

　余談ですが、地方に支社や工場があることが多く、ヒアリングのときは出張が続きます。1日目はA県の本社でヒアリング、次の日はB県の工場でヒアリングして、帰ってきてから再度本社でヒアリングといった感じで、連日ヒアリングとなることもあります。このように体力と根気のいる仕事ですが、アドレナリンも出ていますし、地方にしかない食事を楽しめるのも楽しみの一つです。

(4)　事実認定、原因分析、再発防止策の提言

　調査で収集した証拠や供述に基づいて、事実認定を行い、調査報告書にまとめます。この事実認定・調査報告の作成は、裁判でいえば判決書の起案に当たります。ただ、第三者委員会の調査報告書が判決書と異なるのは、不正行為等に関する事実を認定したうえで、その原因が何にあったかも検証し、そのうえで、再発防止策をどのように講じればよいかの提言もすることにあります。

　この原因分析において、表層的な分析に終わることなく、真の原因を追及できるかどうかが、調査報告書の良し悪しを決めると言っても過言ではありません。真の原因を追及するためには、不正行為等の関係者だけでなく、周囲の人間や役員などにも入念に話を聞き、組織としての問題点を十分に理解したうえで、検討をする必要があります。

5　意義・やりがい──会社の再スタートの手伝い──

　不正行為等にもいろいろなケースがありますが、従業員個人の私的な利益を図ったことが問題となるものはそれほど多くないようです。むしろ、不正行為等を行った従業員の気持ちとしては、会社の利益を上げるためにやむなく行ったというケースや、あるいは会社の利益が下がるのを食い止めるためにやむなく行ってしまったというケース、長年の間会社で行われていた方法を変えることができずに不正行為等が続いてしまったケースなど、会社に迷惑をかけたくないという思いや会社の利益に資するであろうという思いから行われてしまうことも多いといえます。これらは言い訳にすぎず、結局自己の保身目的であるといえばそれもそうなのですが、ただ、積極的に不正行為等を行いたくて行っている人は少なく、なんとなくモヤモヤしたものがありながら、何かしらの疑問をいだきながら、不正行為等を行ってしまっている人（あるいは不正行為等が行われていることを黙認してしまっている人）が多いと感じます。

　調査を通じて感じるのは、従業員も、「何かを変えないといけない」と思っている方が多いことです。従業員にとっても、何かモヤモヤ・閉塞感を感じながら日々の仕事をするのは、精神的に辛いことなのだと思います。第三者調査委員会の調査が、そういった閉塞感のある雰囲気・空気を打破するのに良い影響を与えることもあります。時には、ヒアリングの際に、従業員の方から、「会社を良くするためになんとか頑張ってください」、「外部の人にガツンと言ってもらえれば会社も変わってくれると思います」と励ましの言葉をいただくこともあります。また、「会社のためにありがとうございます」と感謝のお言葉をいただくこともあります。こういった言葉は非常に励みになりますし、なんとか会社の膿を出し切って、再スタートに向けた手伝いをしてあげたいと思います。

　また、第三者調査委員会による調査は、従業員の方にとっては通常の業務の範囲外のものであり、ともすれば、日常の仕事をこなしている従業員の方にとっては面倒なものであることもあると思います。しかし、第三者調査委

員会による調査が行われることで、結果的には、調査を通じて日頃のモヤモヤを吐き出し、スッキリとされる方も多いです。

　小さなことの積み重ねかもしれませんが、こういった活動を通じて、1人1人の従業員が働く意義を再発見していただき、気兼ねなく仕事に没頭をしてもらえる環境を整えることにつながっていればうれしいと思っています。

6　キャリアプラン

　不正行為等と一口に言ってもさまざまな態様がありますので、さまざまなスキルや経験を有していることが重要になってきます。パワーハラスメントのような類型の場合には人事労務分野に関する経験やパワーハラスメントに関する裁判例等の知識も必要となりますし、製品の品質不正のような類型の場合には、当該製品の知識はもちろんのこと、業界の特有のビジネスの流れ等にも詳しくなる必要があります。粉飾決算等の会計不正の場合には、ある程度の会計の知識や会計処理のどこに不正の芽が潜んでいるかを見極める能力も必要になってきます。

　このように、不正調査は自身の持っている知識や経験を総動員して行う必要があり、多角的な能力が必要になるといえます。これらに必要な能力をすべて通常の弁護士業務で身につけることは難しいと思いますし、むしろ不正調査の案件を取り扱うことによって磨かれていくものもあります。もっとも、さまざまな分野や業界に興味を持つこと、アンテナを張り巡らして情報収集等を行うことが、不正調査にも活きてきますので、日頃の研鑽が非常に大切であるといえます。

　最近は、公認不正検査士（CFE：Certified Fraud Examiner）という資格を取得する弁護士・公認会計士も多いです。これは、アメリカのテキサス州に本部を置く公認不正検査士協会（ACFE：Association of Certified Fraud Examiners）が認定する、不正の防止・発見・抑止の専門家であることを示す国際的な資格です。不正調査に興味がある場合には、このような資格を取得することで、活躍の場が広がるかもしれません。

　また、規模の大きな法律事務所では、不正調査を重点的に取り扱うチーム

を組織しているところもあります。こういったチームを擁している法律事務所に就職し、不正調査を専門的・重点的に取り扱うというのも、非常に面白いと思います。

7　内部通報制度──不正行為等の早期発見・是正──

　少し話は変わりますが、第三者調査委員会の調査報告書では、「内部通報制度の機能不全」ということが指摘されることがよくあります。あるいは、「内部通報」がきっかけで、不正行為等が明るみになり、第三者調査委員会による調査が始まるというケースもあります。

　「内部通報」とは、従業員等が、不正行為等やその疑いのある事実を組織内部の窓口に対して相談・通報することをいい、内部通報を受け付けるための制度を「内部通報制度」といいます。内部通報制度に従業員等が内部通報をしてくれることにより、企業等は早期に不正行為等やそのおそれのある行為の存在を知ることができ、早期に不正行為等を是正することが可能になります。

　不正行為等が起きるよりも前に何かしらの兆候をつかむことで、不正行為等を未然に防止することができるほうが望ましいことは明らかです。また、不正行為等が起きてしまった後だとしても、それを早期に発見して、早急に是正措置を講じることが、企業等にとってのダメージを少しでも小さくする鍵となります。このような「早期発見・是正」に重要な役割を果たすのが、内部通報制度です。

　もっとも、内部通報をする従業員等にとっては、内部通報によって自身が通報したことが誰かに漏れてしまい、報復を受けるのではないかという点が最も懸念される点であり、これを理由に内部通報をすることを躊躇してしまっている従業員等も少なからず存在するのではないかと思われます。私は、弁護士として、より内部通報者の秘密が守られ、より従業員等にとって利用しやすくなるように、制度の設計や改善のための支援も行っています。

　第三者調査委員会による調査は事後的な調査となってしまいますが、内部通報制度の構築支援をすることは、不正行為等を未然に防止し、早期発見・

是正をすることができる力を有しています。弁護士として、不正行為等が発生した後の不正調査に関与するとともに、不正行為等の未然防止・早期発見のための内部通報制度の構築支援に関与するという一連の業務によって、企業等の健全な発展に寄与することができるといえます。

8　さいごに

　以上のように、企業等における不正行為等への対応には、さまざまな観点からの取り組みがあります。企業等の健全な発展のために、弁護士としてできることは数多くありますが、不正調査等や内部通報制度の構築支援もその一環であるといえます。みなさんにもぜひ、こういった関わり方・貢献の仕方があるということを知っていただき、ご自身のキャリアプランの参考にしていただければと思います。そして、みなさんと一緒にこういった仕事をできることを楽しみにしております。

民事裁判官の日々の仕事について

東京地方裁判所判事（執筆時：静岡地方裁判所判事補）

井上善樹

1　はじめに

　私は、2007年に早稲田大学ロースクールを卒業し、同年に司法修習生、2009年に大阪地裁の判事補になりました。海外留学、静岡家裁富士支部での勤務を経て、2016年4月から静岡地裁で民事裁判官として勤務しております。

　民事裁判官は、基本的に人対人、あるいは会社対人、会社対会社での、お金のやり取りに関する事件を扱っています。一般的にテレビのニュースとかで出るのは「懲役〜年」などを決める刑事事件のほうが多く、民事裁判官が何をしているのか、あまりイメージがないと思いますので、本稿では、裁判官の日常的な仕事を、争点整理、和解、判決を中心に紹介したいと思います。

2　職場の状況

　私の所属する静岡地裁には、民事が2箇部、刑事が1箇部あります。それぞれの部には、裁判長を兼ねるベテランの部総括が1名おり、さらに、私のような右陪席と呼ばれる中堅裁判官が数名と、任官直後の左陪席裁判官が1名います。民事部では、普通の事件は裁判官1人が担当しますが、複雑困難な事件や社会的注目を集めている事件では、裁判長、右陪席、左陪席の3人で合議体を組んで事件を担当することになります。法廷では正面の法壇の上に裁判官が3人並びます。これが合議体で、真ん中にいるのが裁判長。裁判

長から見て右側が右陪席裁判官、その逆が左陪席裁判官になります。

3　単独事件における仕事の進め方

　私は、右陪席裁判官として、単独事件を中心に担当していますので、みなさんにとって比較的イメージが持ちやすいと思われる男女関係の事件、ある女性が原告となって、婚約していたという男性を被告として、婚約を不当に破棄されたと主張して、慰謝料を請求するという事件を例に、単独事件を担当する際に、裁判官がどんなことを考えて仕事をしているかを、紹介したいと思います。こういった事件は、複雑困難というわけでも、社会的な注目を集めるというわけでもないので、典型的な単独事件ということになります。

(1)　訴訟の開始
　「訴状」という書面を裁判所に提出することで、民事訴訟が提起されます。訴状には、まず、裁判所に何をしてほしいのか、たとえば、「被告は原告に対し500万円を支払え。」という裁判をしてくださいという、請求の趣旨が書かれます。次に、その理由（請求原因）が、「男性から婚約指輪をプレゼントされ婚約をした後、妊娠もしたのに男性から頼まれて中絶し、その後、男性が距離を置こうとしたので問い詰めたところ、『婚約』したのと同時期に男性が別の女性と入籍していたことがわかった。これは、婚約の不当破棄に当たるので、慰謝料500万円の支払いを求める。」などと書かれます。

　これに対し、被告は、答弁書を提出します。答弁書には、まず、「原告の請求を棄却する。」との裁判を求める、という、先ほどの請求の趣旨に対する答弁が書かれます。次に、その理由が、「指輪をプレゼントしたことは間違いないが、安い指輪で婚約指輪という趣旨ではなかった。別の女性と入籍したのも事実だが、同時期に別の女性と結婚しておいて、原告と婚約をするはずがない。原告が中絶したのは、自分の子ではない。仮に慰謝料を支払う義務があるとしても、500万円は高すぎるし、これまでに合計100万円のお金を原告には支払っている。他にも自分が乗っていた中古車を原告にあげた。」などと書かれます。

(2)　争点整理

　ア　裁判官の基本的な役割は、事件に対する最終的な判断である判決を下すことです。判決では、事件に適用される法令の内容を解釈し、確定したうえで、その要件となる事実があったかどうかを判断することになります。裁判官の立場から見ると、民事訴訟の手続は、判決をするために必要な情報を収集する手続であるといえます。

　民事訴訟においては、基本的に、原告・被告が自己の責任で必要な情報を裁判所に提供することになっているので、それぞれが、自分に有利な主張をし、証拠を提出することになります。通常、訴状と答弁書が出た段階で判決ができることはなく、当事者が相手の主張をふまえて、さらにみずからの主張と証拠を提出していく作業を、交互に何度か繰り返す必要があります。その間、裁判官は、判決ができるだけの情報が集まるのを漫然と待っていればよいかというと、もちろんそういうことはなく、「釈明」といって、法律上の問題点が何か、事実を確定するうえでの問題点が何かを、最終的な判断をする裁判官から適宜指摘することで、当事者において、適切に訴訟活動ができるようにします。

　なお、本人訴訟といって、弁護士をつけずに裁判をする人も多いのが、日本の民事訴訟の特徴の一つです。全国の地裁で、両方に弁護士がついている事件以外を本人訴訟にカウントして統計をとると、その割合が5割を超えるという状況にあります。本人訴訟では、もちろん弁護士費用を出さずに済みますが、端的に言って、弁護士をつけるよりも不利になります。最近はインターネットでいろんな情報が簡単に手に入るようになり、法律に関する知識を得ることは容易になっていますが、知識が体系付けられていなければ、訴訟において適切な主張をすることは困難ですし、第三者的な視点がないと、独りよがりな主張になることも多いです。本人訴訟に裁判所としてどう対応するかというのが、民事裁判の難しい点の一つです。これについては、そんなのは自己責任だ、という考え方があり、おそらく法律上の建前もそうなんじゃないかと思います。他方、日本の民事裁判官は、私も含めて勝てる人はやっぱり勝たせたい、と考えて、釈明を頑張りがちな人も多いです。しかし、釈明をやりすぎると、当事者を公平に扱っていないという大問題になる

のが、難しいところです。この設例のモデルの事件も、男性のほうはお金がないということで本人訴訟でした。

　イ　この設例は、かなり単純な事件なので、まず、訴状と答弁書が出た段階で、以下の点を確定する必要があるということが予想できます。なお、法令の解釈の問題として、婚約の不履行が慰謝料を発生させることは確定した判例であり、当事者も当然の前提としています。

　㈠　当事者間で、婚約が成立していたか。

　　　なお、仮に婚約が成立して法律的にも有効であったとすると、「実は他に結婚している女性がいた」というのは、婚約者との関係では正当な婚約破棄事由には当たらないと思われます。

　㈡　仮に婚約が成立していて慰謝料が認められるとして、その額の算定に関連する事情はどのようなものがあるか。

　㈢　慰謝料額はいくらが相当か。

　㈣　被告は本当に100万円を支払い、中古車をあげたのか。また、それらに慰謝料の意味はあったのか。

　ウ　その後、当事者は、さらに、相手方の主張や証拠をふまえて、それぞれ自己に有利な主張と証拠を出し合うことになります。たとえば、原告は、婚約指輪とされる指輪の現物の写真と商品についている説明書の写しを書証（証拠としての文書）として出します。シンプルなリングに爪付きのダイヤモンドがついている写真が出てきて、説明書には「エンゲージリング」と書かれていたりします。一方、被告からは、100万円を出金した口座の記録や中古車の名義変更に関する書証のほか、時期的に被告が原告から距離を取ろうとして原告から問い詰められた直後であるから、これらは慰謝料の趣旨だという主張などが出てきます。

　双方が、相手方の主張もふまえて自分に有利な主張を出し尽くし、裁判所が、言い分の相違点及び書証を取り調べるだけでは判断できない点を確認するまでの手続を「争点整理」といい、単独事件だと、だいたい、簡単な事件で 2、3 回、難しい事件で10回近くの期日を要します。なお、ここでいう期日とは、裁判官と原告・被告が裁判所で顔を合わせる手続のことです。

(3)　暫定的心証と和解

　ア　この設例での問題は、被告が別の女性と結婚していることです。婚約不履行または婚約不当破棄の古典的な例は、婚約はしたけどその後親族から反対された等の、相手に非のない理由で結婚しないような場合で、婚約する時点では女性と結婚する意思があることは明らかな例が多いですが、この設例では本当に結婚する意思があったのか、またそれが法的にどういう意味を持つのかというのが問題になりそうです。また、被告から原告への金銭の支払と中古車の譲渡についても、タイミング的に慰謝料の意味はありそうですが、何らの書証も残っていないので、特に慰謝料の代物弁済（お金の代わりに物で支払を済ませること）まで認められるかはちょっと微妙かも……など、争点整理を進めるうえで、だんだん事実が明らかになってくるとともに、法律構成と実際にあったこととのズレも見えてくることもあります。男女問題の慰謝料は、判決になれば、事案による不公平がないようにするため、おおむね過去の裁判例の相場に近い額にします。そこで、裁判官として先例を調査して、類似の事案では、だいたいいくらくらいになりそうかと当たりをつけます。

　争点整理手続の中では、判決に向けて、このような問題点を詰めていくことになりますが、設例のような事件では、和解、すなわち当事者がお互いに自分の主張を少し譲ったうえでの話し合いによる解決が望ましい場合が多いです。そして、争点整理段階での裁判官の大きな仕事の一つが、この「和解」に向けた調整であり、当事者の一方ずつと面接を行い、その時点での暫定的な裁判官の考え方（心証）を伝えるなどしたうえで、和解を促すことが多いです。

　イ　私は、民事裁判の存在意義は、まず取引コストを低下させることであると考えています。そのためには、紛争が国家権力によってルールに従って解決されることや、そのことについて関係者が共通の認識を持つ必要があり、その基準を示す意味で、判決をすることはもちろん重要なのですが、具体的な紛争を最小限の費用、時間で解決することも、また重要になると考えられます。訴訟が進行中に、和解によって事件が解決された場合には、それ以降の手続が不要になるので、少なくとも迅速な解決はできたことになりま

す。また、判決では、原告が土俵を設定した実体法の権利関係についてのみ判断するしかありませんが、和解の場合は、実体法に縛られずに解決を図ることができます。

　さらに、和解には、迅速妥当な解決以外にも、各当事者にメリットがあります。まず、判決までには当事者本人が本人尋問を受ける可能性がありますが、これは、一般の人にとって相当ストレスのかかる体験になるといわれています。また、勝ったとしても、控訴されればさらに応訴しなければならず、結論が変更される可能性もないではありません。早期に和解をすれば、これらの負担やリスクを回避することができます。さらに、原告側は、勝訴判決が確定したとしても、強制執行手続を通じて判決内容を実現しなければなりません。しかし、司法制度として問題のあるところではありますが、現状の強制執行手続は、手間とお金もかかるし、確実に判決が命じた支払額を回収できる保証もありません。和解であれば、被告が自分の意思で支払うことになるので、回収可能性が高くなります。被告側にも、判決で敗訴した場合よりも支払うべき額が減少することが多いだけでなく、早期に額が確定する等のメリットがあります。

　最後に裁判官にとって、早い段階で和解をして、判決を書く時間を節約できるというメリットは相当に大きいです。裁判官は、多数の事件を同時並行で処理しています。私は現在単独事件を60件ほど担当していますが、民事裁判官の中ではかなり少ない部類です。そして、後記のとおり、判決にはそれなりの重みがあり、判決書の作成には時間がかかります。したがって、すべての事件について判決をする時間的余裕は通常ありませんし、また、争点整理の段階での調査を含めて、難しい事件に適切な時間を割り当てるためにも、和解で適切に解決できる事件については、和解で解決するのが望ましいといえます。前記のとおり、和解による解決は実体法の権利関係にも縛られないので、裁判官の社会経済の実際についての理解や創造性が試される面もあり、多くの裁判官が、技量を向上すべく努力を重ねています。

(4)　人証調べ

　争点整理手続を経て、言い分の相違があり、書証を取り調べるだけでは原

告または被告のどちらの主張が正しいのか判断できない場合に、証人または原告・被告本人の尋問をすることを、（これは正式な法律用語ではないですが）「人証調べ」といいます。人証調べが終れば、科学的な知識が必要な事件で鑑定が必要な場合等を除き、判決をするために必要な情報の収集が終わるので、弁論を終結して判決、というのが基本的な訴訟の流れです。

(5)　判決

　裁判官によって違いますが、担当する事件のうち、欠席判決をする事件（被告が訴えに反応しない場合に簡潔な判決がされることがあります）以外の半分以上が和解によって解決しますので、ある意味では選りすぐった事件が判決によって終局することになります。設例のような事件が和解で終わらなかったとすると、当事者が訴状と答弁書を出す第1回弁論、争点整理の期日が2、3回、人証調べをする第2回弁論、最終弁論（ないことも多い）の合計5回程度の期日があり、各期日の間に1か月程度の期間を置くので、第1回弁論から半年強で判決に至ることになります。

4　判決について

　(1)　地方裁判所の裁判官は、単独事件は1人、また合議事件は3人だけで、事件について判断しますが、その結論である判決は、そのまま国家の意思として強制力を持つことになります。日本の民事裁判では、判決の言渡しまでに、理由を付した判決書を必ず作成しなければなりません。前記のとおり、判決をする事件は、手持ち事件の中で相対的に少数ではあるものの、裁判官は、判決書の作成にかなりのエネルギーを注ぎます。そこで、難しい事件について判決する際に、裁判官はどのようなことを考えているのかについて、私が任官した直後に合議で担当した、アスベストに関する国の規制権限不行使の違法性が問われた国家賠償請求事件を例にご紹介したいと思います。

　(2)　事案としては、産業的利用価値は高いものの徐々に発がん性等の身体への悪影響が明らかになり、最終的に使用が禁止されるに至った、アスベス

トという物質を扱う業務に携わっていた労働者らが原告になって国を訴えた事件でした。過去のある時点までに、その危険性について十分な情報が集まっていたのに、その情報を前提に必要とされていた行政による規制ないしその強化が遅れたために、原告らが健康被害を受けたと主張して、規制措置を実施する権限を有していた国による損害賠償を求めたというものです。このような複雑困難な事件は、合議事件として、裁判長、右陪席、左陪席の3人で担当しますが、「主任」と呼ばれる、当事者から出される主張や証拠を真っ先に読んで、他の裁判官と合議するための資料を作ったり、判決の第1草稿を起案するのは、通常は任官直後の最も若い裁判官である左陪席（当時の私）の役割となります。

　行政の規制権限の不行使を理由にする国家賠償請求は、行政の権限不行使が、権限を定めた法令の趣旨等に照らし、許容される限度を逸脱して「著しく合理性を欠く」場合に認められます。また、その考慮要素としては、①被侵害利益の重大性、危険の切迫性、②予見可能性、③結果回避可能性、④実施された措置の合理性、⑤規制権限行使以外の手段による結果回避困難性があるというのが最高裁の判例で示された考え方であるので、下級裁判所の裁判官である我々は、基本的にそれにしたがって判断することになります。

　では、現実にどのような場合に著しく合理性を欠くと判断すべきかというと、「著しく合理性を欠く」という文言は抽象的であるし、考慮要素は挙げられているものの、具体的な事件で各要素をどのように重みづけし、どこが判断の分かれ目になるか、クリアな基準はありません。行政法の学説や、過去の規制権限の不行使を理由とする国家賠償請求事件の判決からある程度のヒントは得られるものの、事案はさまざまであり、自分の担当する事件にぴったりくるような判断基準は、なかなか出てきません。政策的な観点からいえば、被害者の救済と、国が今後規制権限を行使するうえで過剰な規制を要求することにならないかという考慮をすることになりますが、やはり、そこから直接基準を導き出せるわけではありません。それでも、裁判所として判断を示す必要がありますので、合議体でひたすら合議を繰り返すことになります。その際に考えていたのは、結局、これは、突き詰められるところまで突き詰めて考えたら、あとは決断の問題であり、憲法76条3項にいう「良

心に従って」判断をするところまでが第一審の裁判官の任務であって、それを社会が受け入れるかどうかは、後から振り返らなければわからないことがあるのではないかということでした（憲法76条3項「すべて裁判官は、その良心に従ひ独立してその職権を行ひ、この憲法及び法律にのみ拘束される。」）。

　(3)　設例のモデルとなった事件では、我々が判決をした後、控訴断念に向けた政治的な動きもあって、反響の大きさに驚いたりもしましたが、結局控訴され、上告もされました。結論は、我々と最高裁が一部認容（原告らの請求の一部について正当と認める判決）、高裁が全部棄却（原告らの請求を不当として退ける判決）となりましたが、地裁と最高裁で認容範囲も理由付けも異なっており、結局、地裁、高裁、最高裁とも、すべて違う判断をしたことになります。高裁、最高裁と審級が進む中で、両当事者、あるいはそれ以外の一般国民から、裁判所に対していろいろな情報が入ってきて、それをふまえて上級の裁判所は判断していきます。その中で、もちろん我々の判決も一つのインプットとなって、社会に受け入れられる結論にたどり着くことになるのかなと思いました。三権分立の考え方からすると、国会は、民意を国家政策に反映するための機関であり、行政あるいは内閣も、日本では議院内閣制なので、やはり民意を存立基盤としています。他方、裁判所は、建前上は民意から離れて客観的に正しい判断をすることを期待されているのですが、「正しい」の意味として、やはり最終的に社会に受け入れられるものでなければならないし、それが三審制の中でだんだん形成されていくこともあるのだなというのを、自分の手を離れた後の事件を見ていて思いました。

5　おわりに

　民事裁判官の仕事は、責任は重いですが、基本的には自分でいろいろ考えながら、自分のペースで仕事をすることができる、楽しい仕事です。今回ご紹介したのは地方裁判所での仕事の流れですが、私は、家族や親族間で起こる事件を扱う家庭裁判所で勤務したこともあります。家庭裁判所では、地方裁判所よりも当事者との距離が近くて何をするにも大変ですが、うまく調停が成立したときなど、当事者全員から直接感謝されることもあり、社会に貢

献していることをより直接的に感じられました。転勤など仕事以外では大変な面もありますが、法曹になられるのであれば、進路の選択肢の一つとして、ぜひ裁判官任官も検討してほしいと思います。

第3章
新時代の刑事裁判に挑む法曹

検察官の仕事

矢野 諭

1　はじめに

検事[1]の仕事は、刑事事件の捜査・公判のみならず、法務省所管法令の作成、国を被告とする行政事件の代理人、他省庁へ出向しての勤務、在外研究など多岐にわたっています[2]。

私は、2018年12月で検事に任官してから10年が経過しましたが、約6年半は刑事事件の捜査・公判、約3年は他省庁への出向、140日間は米国での在外研究を経験しております。

ここでは、主として学部生のみなさんに検察官の仕事のイメージを伝えることを目的として、私の経験に基づく検察官の仕事の一例などをお話します。もっとも、検事の仕事は多岐にわたるため、私の経験は検察官の仕事の一例であり、ここでの記載は私見にすぎませんので、留意してください。こういう考え方の検事がいるということが伝わればよいかと思っています。

2　検事になった経緯

私は、2004年3月に早稲田大学法学部を、2007年3月に早稲田大学ロースクールをそれぞれ卒業し、2007年9月に司法試験に合格し、司法修習後の2008年12月に検事に任官しました。その後は、東京地方検察庁、大阪地方検察庁、さいたま地方検察庁、名古屋地方検察庁豊橋支部、原子力規制庁で勤務[3]をし、現在は、さいたま地方検察庁（2021年3月30日現在）で勤務しています。また、2015年3月から同8月の140日間は、米国での在外研究を命ぜら

れ、米国のワシントンDCにあるジョージワシントン大学の客員研究員として、米国における児童ポルノ法制の調査・研究を行いました[4]。

　私は、法学部に入学したわけですが、元々法曹を目指していたわけではありませんでした。大学入学後、法律を学ぶ中で、法律の考え方が性に合うとともに、法曹になれば何らかの形で社会に貢献ができると思うようになり、法曹を目指そうと考え、司法試験の勉強を始め、その後、早稲田大学ロースクールに進学しました。大学院では、実在する刑事事件を用いた臨床法学教育[5]を経験したことで、法曹の中でも、刑事事件に関われる仕事につきたいと思うようになりました。

　そして、司法修習における検察修習を行った際、刑事事件をたくさん扱え、しかも、広く刑事事件全般に携われるのは、法曹三者の中でも検事しかできないと思い、検事任官を希望するようになりました。また、司法修習で扱った傷害事件の被疑者の取調べの際、私なりに、被疑者と意思疎通ができ、うまく事件の解決ができたと感じたことも検事任官を希望する一つの理由となりました。

3　検察官の仕事の一例

(1)　はじめに

　詳しい話に入る前に簡単に刑事事件の流れをお話します。刑事事件の流れの概略は、以下の図1のとおりです。検察官は、犯人が検挙された事件について、捜査をし、起訴不起訴を決し、起訴した事件については、裁判所に対して被告人の有罪立証を行います。そして、刑が確定した後には、刑の執行を行うなど、刑事事件全体において、重要な役割を果たしています。

　先ほど検事の仕事は多岐にわたるとお話しましたが、多くの検事は、その経歴の大半を捜査・公判のいずれかに従事することになります。そのため、捜査・公判は検事の仕事の中核であるといえます。そのため、ここからは、主として、私の捜査・公判の経験をお話します。

図1　刑事手続の流れ

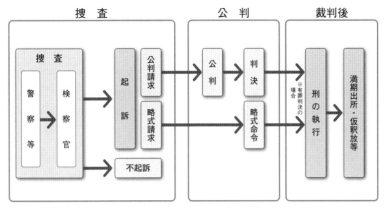

出典：法務省ＨＰ〈http://www.moj.go.jp/keiji1/keiji_keiji11-1.html〉

(2)　捜査

　ア　捜査とは、捜査機関が行う公判立証のための証拠収集活動であり、捜査においては、大きく分けて、都道府県警察などが捜査をして検察官に事件送致した事件を、検察官において処理するものや、検察官が独自に捜査をして事件を処理するものがあります。後者は、たとえば、東京地検特捜部などが扱う事件です。検察庁で処理される事件の大部分は前者の事件です。ここでは、前者についてお話します。

　警察は、事件を捜査すると、原則として、検察官に事件を全件送致しなければならず、送致を受けた検察官は、その事件について、処分を行います[6]。

　警察が逮捕をした場合、48時間以内に、事件が検察官に送致され[7]、検察官において引き続き、身体拘束を続けて捜査をすべきかを検討し、24時間以内に、必要があれば裁判所に対して勾留請求を行います[8]。裁判所がこれを認めれば、10日間の勾留が認められ、さらに、やむをえない場合には勾留延長が認められ、最大で合計20日間の勾留が認められます[9]。そして、最終的に、検察官において、起訴不起訴の処分を行います。起訴については、起訴便宜主義といって、起訴をするかどうかは検察官に広い裁量が認められております[10]。

　イ　勾留期間においては、検察官は警察と協力をしながら[11]証拠収集を行います。客観証拠を集め、それを正確に評価するとともに、供述証拠を的確に入手し、それを適切に評価することが求められます。

　客観証拠（非供述証拠）とは、人の供述を介在しない歴然たる事実として存在する証拠であり、現場に遺留された物、防犯カメラ映像、携帯電話の解析結果などがこれに当たります。これらの証拠は、解析機械にエラーがあるなどの客観的な誤りが存在しなければ、供述証拠のように信用性が揺らぐものではありません。もっとも、証拠の散逸を防ぐ必要があるため、検察官としては、事件記録を早急に精査し、警察と協議をしながら、客観証拠の入手を迅速かつ確実に行わなければなりません。そして、これらを入手したら、これらの証拠の価値を正確に見極める必要があります。たとえば、現場に遺留された微物からDNA型を判定するわけですが、その微物の採取状況等についてよく確認する必要がある場合もあります。また、防犯カメラについては、もれなく収集できているか、映っている映像から、どこまでの事実を認定できるかについて正確に評価を行う必要があります。

　ウ　また、客観証拠を集めながら、供述証拠の収集も行います。事件の多くでは、一次的には警察において取調べがなされ、供述調書が作成されますが、検察官も直接取調べを行います。被害者、目撃者、被疑者の取調べがその主となりますが、事件によっては、医師などの専門家から話を聞くこともあります。一般に、人の記憶は、真実を話したいと考えていても、時として曖昧であったり、変容したりしていることがありますので、客観証拠と照らし合わせながら、その内容の十分な吟味が必要です。また、聞き方が異なるだけで、答えが変わり得ますし、質問をし忘れてしまうと、回答を得られないままになります。話をする人の特性を見て、聞き方を変えて話を聞く必要があります。話を聞き出す技術が必要です。たとえば、ある人の1日の行動を聞く場合、話を聞く技術に差があれば、Aさんが尋ねるのとBさんが尋ねるのとでは、聞き出せる情報が異なってくるはずです。友人同士で試してみると、この話が理解してもらえると思いますので、よかったら行ってみてください。このように、話し手への聞き方が変われば、情報が変わりうるため、供述調書があっても、検察官が直接話を聞くことの意義は大きいので

す。検察官は、関係者の中から、犯罪事実の存否に影響を与える人かどうかを見極めて話を直接聞き、的確な質問をすることで、事件に必要な情報を聞き出さなくてはなりません。

　このような話をすると、供述が信頼できるかについてどう考えるのか、勝手な思い込みになるのではないかと問われることがあります。当然のことながら、思い込みでの判断にならないようにさまざまな観点から検討する必要があります。講学上、供述の信用性といわれます。紙面の都合上詳細にはお話できませんが、たとえば、供述を得た後に裏付けができた場合には、その供述の信用性は高いといわれています。私が扱った事件でも、ある詐欺の被疑者が、犯行に用いた書類の隠し場所を自供し、その自供場所からその書類が見つかったことがありました。このように、供述を裏付ける事実は、その供述の信用性を高める事情となります。このような事情をたくさん集めるためにも、詳細に話を聞くことが重要になるわけです。逆に、話をしている内容についてまったく裏付けができない、あるいは、供述と異なる事実が判明すれば、供述者の記憶が誤っているか、嘘を言っていると判断する事情となります。

　エ　また、取調べでは、真実を話したいと考えている人ばかりではありません。真実を話したくないと考えている被疑者の取調べでは、検察官は、真実を話すように被疑者に促さなくてはなりません。取調官との信頼関係があれば、やっていないと嘘を言っていた被疑者が真実の話をすることがあります。私の拙い経験からでも、この検事なら真実を話しても自分の事情をわかってもらえると思った場合に話をすることが多かったという印象です。罪を犯した人の大部分は、刑期を終えれば、社会に復帰します。多くの犯人は、人間関係を構築することが苦手な人だと思います。取調べを通じて、人間関係の構築の仕方の一助になればと思い、その人の今後の人生を考えて取調べを行っています。罪を犯した人であれば、すべて洗いざらいに話をして、その悪い経験を全面的に反省し、次の人生を歩んでほしいと考えております。言い逃れができたとか、警察や検察は大したことないという考え方をもって社会に出れば、また犯罪の誘惑に負けるはずです。罪を追及しながらも、その人の人生を想うことができるのは、検事の取調べの醍醐味です。

オ　このように、証拠を吟味しながら、事件の流れを考え、検察官は最終的に処分を行いますが、怠ってはならないのが、犯罪立証を妨げる証拠（いわゆる消極証拠）についても十分検討することです。逆に、その証拠の評価について合理的な説明がつかなければ、自分の考える事件の流れが間違っているわけですから、再度考え直す必要があるのです。そして、捜査を続けても消極証拠について合理的な説明が付かなければ、公訴提起に至ることはできません。

　捜査においては、進んでは立ち戻り、できる限り真実に近づける作業を行います。このような作業は、法曹三者の中では検事しかできないものであり、検事の仕事のやりがいです。

⑶　公判について

　公判では、収集した証拠の構造を把握し、裁判所に対して主張立証を行います。起訴前に収集した証拠のみならず、起訴後も必要に応じて証拠収集を行います。そのうえで、特に、直接証拠がない事件では、それぞれの証拠をきちんと評価し、どこまでの事実が認定できるかを見極め、どの事実が重要であるかを適切に評価しなければなりません。直接証拠とは、犯罪事実の存在を直接証明する証拠であり、たとえば犯行状況が映った防犯カメラ映像や犯行状況の目撃者の供述などが挙げられます。さらに裁判員裁判では、それを一般の方にもわかりやすく正確に伝えることが必要になります。検察官の立証の意図がわかるように、冒頭陳述[12]、論告[13]をわかりやすく行うのみならず、証拠調べや証人尋問において正確な立証が求められることとなります。そのため、検察官には高い公判技術が求められます。

　公判は、その都度その都度が勝負の場です。先ほど述べたとおり、聞き手が変われば答えが変わり得ます。捜査では、最悪の場合、再度話を聞けばすみますが、証人尋問の際、その場で聞き忘れる、あるいは、証言を導き出せなければ、その内容が裁判に顕出されないことになります。ミスのない公判活動が求められるのです。たとえば、共犯者の証人尋問は特に注意が必要で、共犯者は、被告人本人を前にしたとたんに、供述しない、または供述を変更させることがあります。この場合には、なぜ供述しなくなったのか、ま

たは変更させたのかをその場で見極め、対処しなくてはならず、それで失敗した場合には、重要な証拠を落とすことになりかねません。常に、これらを想定した準備が必要なわけです。

　また、裁判の中では、これまで判例がない分野において、法解釈を示し、新たな裁判例を得る必要がある場合もあります。私が立ち会った事件でも、裁判例としてこれまでになかった判断が示されたものもありました。

　入念な準備を行って、適正な判決を得られたときには、充実感を得られます。公判技術は、日々努力して少しずつ向上させていくことができるものです。検事の仕事ではたくさんの事件を扱うことができますので、日々成長を感じることができ、やりがいを得られます。

⑷　職場の雰囲気

　検事の仕事は、さまざまな人とコミュニケーションを取りながら進めていく必要があります。警察との関係や、独自捜査など、多くの人と関わり合いながら仕事を進めることに適した人が検事に任官しているように感じます。そのため、人付き合いが好きで上手な人が多いように思います。野球部、サッカー部などの親睦会もいくつかあります。私は、法務検察空手道部に所属しており、日々の練習や年1回の合宿に参加しています。年に1回、ライブを開催している先輩もいます。検事の多くは、みんなで一つのことを実行することが好きな人のように思います。

　また、検察庁での仕事は、法曹としての能力を高めることができます。原子力規制庁に出向して実感できたのは、検察における捜査・公判を通じて得た聞く技術と文書作成能力は、他の仕事にも非常に役立つということでした。検察では、日々の業務を通じて、上司や先輩から、適切な指導を受けることができるため、独りよがりになることはなく、日々成長ができるといえます。法曹としての能力向上を行うことができる職場環境です。

4　法曹三者の相違を考察

　刑事裁判に携わる法曹三者はそれぞれが相反することを行っていると思わ

れるかもしれませんが、私は、大きな目標は同じであると考えています。それは、罪を犯していない人に刑罰を与えることは絶対にあってはならないと考えていることです。日本の刑事裁判は、当事者主義を採用し、検察官と弁護人が主張を十分行い、裁判官がそれに対する判断をすることで誤判を防いでいるわけです。法曹三者は立場が異なり役割が違うだけで、同じ目標のもと刑事事件に向き合っていると思っています。

　もっとも、私の拙い経験では、検事には、裁判官や弁護人とは異なる側面があると考えています。それは、検事が携わる職務は治安に影響を与えているということです。検事の仕事は、刑事事件全般に及びます。検事が腐敗し、適正な仕事をしなくなれば、刑事事件全般が機能しなくなり、最終的には、犯罪が増え、治安が悪化するはずです。真実を見つけて、犯人に適切な処罰を与えることで、犯罪を抑制し、ひいては治安を守っています。

　また、検事の仕事は被害者の声を代弁します。被害事実や被害感情を正確に裁判所に伝え、適正な判決をもらうことを目指しています。検事は、被害者の声を代弁し、その思いを裁判所に示すことができる仕事です。

5　最後に

　検事は、みずから証拠を収集して事実認定を行い、起訴不起訴の判断をしなくてはなりません。無実の人を起訴して処罰することは、その人に取り返しのつかない苦しみを与えることになるので絶対に避けなければなりませんし、本来処罰すべき人を、職務の怠慢などで処罰できなければ、国としての刑罰権を果たすことができないこととなります。また、犯人が有罪であると判断して起訴すれば、裁判所に対して有罪立証をする責任があります。主張立証責任を負っているため、その責任は重大です。検事のミスによって、本来有罪となるべき犯人が無罪になれば、これもまた国としての刑罰権を果たすことができないという結論を導きます。

　検事は、みずからの判断によって、国の刑罰権を適切に行使するという国家としての重要な任務に関わっており、刑事司法における中心的役割を果たしています。国を代表して刑事事件に取り組みたいという方が検事になりた

いと思ってもらえることを切望し、筆を置くこととします。

注

1　検察庁法第3条は「検察官は、検事総長、次長検事、検事長、検事及び副検事とする。」としており、検事は検察官名の一つです。検察官が行う事務は、「検察官は、刑事について、公訴を行い、裁判所に法の正当な適用を請求し、且つ、裁判の執行を監督し、又、裁判所の権限に属するその他の事項についても職務上必要と認めるときは、裁判所に、通知を求め、又は意見を述べ、又、公益の代表者として他の法令がその権限に属させた事務を行う。」（同法4条）、「検察官は、いかなる犯罪についても捜査をすることができる。」（同法6条）としています。ここでは、検察官と検事について使い分けて表現します。

2　法務省のホームページで「検事の職務内容」を紹介していますので、興味のある方はご覧ください。法務省ＨＰ「検事を志す皆さんへ」〈http://www.moj.go.jp/keiji1/kanbou_kenji_index.html〉

3　出向先での執務内容について興味がある方は、矢野諭「各分野で活躍する検察職員　原子力規制委員会原子力規制庁に出向して」『研修』837号（2017年）を参照ください。

4　在外研究における執務内容について興味がある方は、矢野諭「米国における在外研究体験記」『罪と罰』第53巻1号（2015年）を参照ください。

5　宮川成雄編『法曹養成と臨床法学教育』（成文堂、2007年）。

6　刑事訴訟法246条。処分には、終局処分と中間処分があり、終局処分は起訴と不起訴の処分に大別されます。2017年における検察庁の新規受理は1,055,327人、終局処理は1,063,320人とされており、起訴は329,517人、不起訴は671,694人とされています「平成30年犯罪白書の概要」（法務省ＨＰ〈http://www.moj.go.jp/content/001276448.pdf〉）。

7　刑事訴訟法203条。

8　刑事訴訟法205条。

9　刑事訴訟法208条2項。

10　刑事訴訟法248条。

11　刑事訴訟法192条、193条。

12　刑事訴訟法296条。

13　刑事訴訟法293条1項。

刑事弁護人
——なぜ「悪人」の弁護をするのか——

早稲田リーガルコモンズ法律事務所

趙　誠峰

1　私が「刑事弁護人」になるまで

(1)　弁護士13年目を迎えた「刑事弁護人」としての生活

　私は、現在（本稿を執筆時点）弁護士13年目に入りました。現在の私の仕事の内訳は、刑事事件を常時20件から30件くらい抱えて、日々依頼者との接見、法廷での弁護活動、膨大な証拠書類の読み込みといったことをしています。それ以外に、民事事件もある程度抱えているほか、早稲田大学ロースクールの非常勤講師として刑事弁護に関するいくつかの講義を担当したり、日弁連においても刑事司法の制度構築などについての仕事をしています。時間に換算するならば、8割以上の時間を刑事弁護に関する仕事に費やしています。

　現在日本には40,000人を超える弁護士がいますが、その中でもこれほどまでに刑事弁護に偏った弁護士生活を送っている弁護士はごくわずかだと思います。このように私は刑事弁護にどっぷりと浸かった弁護士生活を送っていますが、このような「刑事弁護人」になるまでにはいくつかの偶然と運命的な出会いがありました。

(2)　「刑事弁護」との出会い

　私は早稲田大学法学部を卒業し、社会人経験を経ずに早稲田大学ロースクールに進学しました。私は在日コリアンとして生まれ、育ち、その中で弁護士になることを志しました。ロースクール入試のステートメント（志望理由）においても、外国人の事件であったり、日本におけるマイノリティのための活動をしたいと述べました。そこに「刑事弁護」という文字は存在しま

せんでした。このように私はロースクールに入る時点で、自分が「刑事弁護人」になるということはみじんも想像していませんでした。

　その後、ロースクールでさまざまな授業を受け、多くの法律実務家の話を聞く中で、外国人事件だけではなく、企業法務などにも興味を持つようになりました。それでもまだ刑事弁護にはほとんど興味がありませんでした。ところが、周りの友人たちから「刑事クリニックという授業がおもしろい」という声が聞こえてきました。刑事クリニックという授業は、学生が弁護士の実務家教員とともに生の事件の弁護活動を行うものです。私は、刑事弁護に興味はないけれどもせっかくロースクールに来たのだから受けてみよう、というくらいの心意気で刑事クリニックを受講しました（このときに刑事クリニックの授業を受けていなければ私の人生は違う人生になっていたでしょう……）。これが私が「刑事弁護」と出会った瞬間です。

　刑事クリニックの担当教員は高野隆弁護士でした。高野弁護士とともに私たち「学生弁護人」が担当した案件は住居侵入事件でした。酔っ払って他人の家の庭で寝ていたところを逮捕されたという事件でした。私は高野弁護士とともに警察署の接見室に行き、依頼人と面会をしました。ドラマで見るようなアクリル板で隔てられたあの部屋です。このアクリル板で隔てられた向こう側の世界があまりにも遠く、アクリル板の見た目以上の厚さを感じました。身体拘束をするというのはこういうことかということを、身をもって感じました。まさに百聞は一見に如かず。私たちは依頼人を釈放させるために、すぐに勾留決定（被疑者を10日間拘束する旨の裁判官の決定）に対する準抗告（不服申立て）を申し立てることにしました。家族などを法律事務所に呼んで資料を作成し、夜な夜な裁判所に申立てをしました。そうしたところ、なんとこの準抗告が認容され、依頼人は釈放されました。そして法律事務所で釈放された依頼人と握手をしたとき、あの分厚いアクリル板の向こう側から依頼人を連れ戻すことができたということの、言葉にできない達成感を味わってしまいました。これが毒薬でした。

　さらに私たち学生弁護人はもう1件の事件を担当することになりました。次の事件は傷害事件でした。デパートの時計売り場で店員の太ももを蹴ったとされた事件で、依頼人は中国人の方でした。依頼人は事実無根だと述べて

いました。この事件は起訴され裁判になったので、学生弁護人が証人尋問などの内容を考え、それをもとに高野弁護士が法廷で尋問をするなどしました。無罪の主張は通らずに有罪判決を受けてしまいましたが、この事件を通して最も苦労したことは、依頼人の保釈（保釈保証金というお金を積んで被告人を釈放させ、自宅等から裁判に出廷させる裁判官の決定。なお、保釈保証金は最後まで逃げずに裁判に出れば全額戻ってくる）を認めさせることでした。私たちは何度も何度も保釈請求をしましたが、裁判所からはなかなか認めてもらえませんでした。裁判所が保釈を認めない理由は、依頼人（被告人）が事件現場のデパートに行って店員に接触をして証言をゆがめさせるのではないかということでした。裁判所の疑念を払拭するために私たちはさまざまなアイデアをひねり出しました。その一つが、当時出始めたばかりであった GPS 機能付きの携帯電話を契約し、これを依頼人に常時持たせて事件現場に近づかないように学生たちが監視するというものでした[1]。このようなアイデアを提示しながらも、裁判所は頑として保釈を認めませんでした。この経験を通して、刑事裁判に横たわる不条理、不正義というものを目の当たりにし、それに対して法的な知識のみならずさまざまなアイデアをひねり出して立ち向かっていく刑事弁護の仕事の魔力を感じてしまったのです。

　こうして私はいつの間にか刑事弁護という仕事の魅力に取りつかれ、弁護士として専門的に取り組む決意をするに至ったのです（私が専門的な「刑事弁護人」としての弁護士人生を歩むまでにはさらにいろいろ紆余曲折、運命がありましたが、それはまた別の機会にお話できればと思います）。

2　なぜ「悪人」の弁護をするのか

(1)　刑事裁判とは何か

「なぜ、悪いことをした人の弁護をするんですか？」

　刑事弁護の仕事をしているとよく聞かれる質問です。この問いへの答えを探すために、まずは刑事裁判とは何かということを考えたいと思います。

　刑事裁判の本質を考えるうえで最も重要なこと、それは刑事裁判は「国家」と「市民」との裁判だということです。つまり、刑事裁判とは、国家の

代表者である検察官が、1人の市民（被告人）を訴追し、刑罰という形でその市民の権利を奪うことが許されるかどうかを判断する手続だということです。刑罰というのは、国家による最大の人権侵害行為です。わが国には死刑という刑罰があります。国家が無理やり1人の市民の命を奪い、1人の市民の行動の自由を強制的に奪い（懲役刑）、1人の市民の財産的な自由を強制的に奪う（罰金刑）のが刑罰の本質です。現代の社会で、国家がその国の市民の命を無理やり奪うことが許されるのは刑罰のみです。このような国家による最大の人権侵害行為である刑罰権の行使が許されるかどうか、これを判断するのが刑事裁判です。

　そのように考えたとき、刑事裁判で訴追されている被告人は、国家から無理やり命や自由を奪われそうになっている個人であり、この世の中で最も窮地に追い込まれている人だと見ることができます。

(2)　実際に犯罪を犯したかどうかは本質的な問題ではない

　「なぜ、悪いことをした人の弁護をするんですか？」という問いに対して、その人が本当に悪いことをしたかどうかは裁判で決まることであり、悪いことをしたかどうかわからないから弁護をするんだという答えがあるかもしれません。これはある意味では正しいですが、この答えだけでは私たち刑事弁護人の活動は説明しきれません。

　たしかに刑事裁判では、まず本当に検察官が主張するような犯罪事実があったかどうか、そのことが「間違いない」と言えるかどうか、検察官に証拠による証明が求められます。検察官がそのように「間違いない」と言えるほど証明できない限り、訴追されている個人は無罪と扱われるのが大原則です（無罪推定原則）。このことからして、はなから訴追された人を「悪いことをした人」と決めつけるのは誤りです。ですので、「本当に悪いことをしたかどうかわからないから弁護をする」というのはある一面においては正しいです。しかし一方で、私たちが普段弁護をしている人たちの多くは、本当に何かしらの犯罪行為をしてしまった人たちです。依頼人が何かしらの犯罪行為、悪いことを本当にしてしまった人だとわかったら、私たちはその人を弁護しないのか？そんなことはありません。私たちは日々、本当に悪いことを

してしまった人たちを一生懸命弁護しています。ですので、「本当に悪いことをしたかどうかわからないから弁護をする」というのは決して刑事弁護の仕事のすべてを説明できていません。私たちは、本当に悪いことをしてしまった人たちも弁護をします。それはなぜでしょうか。

　この問いに対する私なりの答えは、その人が本当に悪いことをした人なのか、本当は悪いことをしていないのかに関わらず、その人は、国家から刑罰権の発動を求めて訴追されている（あるいはされそうになっている）人であり、いわば国家から命や自由を強制的に奪われそうになっている窮地に追い込まれた人物だからだということです。国家から強制的に自由を奪われそうになっている人が、少しでも国家から自由でありたい、逃れたいと思うことは当然のことであり、このことを誰も否定することはできないでしょう。もしその人が本当に犯罪行為をしていない人だとしたら、その人に対して誤った刑罰が科され、国家が誤って生命や身体の自由を奪うことは絶対にあってはいけません。ですが、仮にその人が本当は犯罪行為をしてしまった人であったとしても、その人の自由が不当に重く奪われることもまたあってはならないことです。その意味で、私の中では、依頼人が本当に悪いことをしてしまった人なのか、そもそも悪いことをしていない人なのかはあまり本質的な問題ではありません。

　国家から法的な手続に則って、強制的に自由を奪われそうになっている人について、その個人の立場から法律家として援助をすることは、とても自然なことではないかと思っています。

(3)　彼らは私たちとは違う星に生きる人間なのか

　私が刑事弁護の仕事にどっぷり浸かっているのは、何も上で述べたような理屈だけからではありません。私は、刑事弁護の仕事をしていて非常に楽しく、興味深く感じることが多々あります。その一つに、刑事被告人である依頼人とのコミュニケーションがあります。

　法律家を志す学生にとって、犯罪（犯罪者）というのは決して身近なものではないかもしれません。私にとってもそうでした。普通に高校に行き、普通に大学に進学し、勉強をする中で接する人間、社会というのは、この社会

全体のごく一部です。社会には、これまで私たちが育ってきた中では見えなかったもの、人がたくさんあります。

　私は日々拘置所や留置場に拘束されている依頼人と接見をし、さまざまな話をしています。もちろん刑事裁判に関することもたくさん話しますが、それに留まらずにこれまでの人生など含めてさまざまな話をします。その中には、殺人犯も強盗犯も窃盗犯も薬物に手を染めた人もいます。彼らといろんな話をする中で私自身の学びがたくさんあることに気付かされます。彼らと話していると、むしろ自分よりも彼らのほうが人生たくさんの苦労をしており、自分はいかに楽をして生きているかということも気付かされます。私もだいぶ中年の域に達してきましたが、これまでは私よりもはるかに人生経験の長い依頼人が多かったです。私と彼らは弁護人と依頼人という関係です。法律の専門家として、法的手続については私はプロであり、私は彼らにアドバイスする立場にあります。ですが、私が彼らより優れているのは法律の知識だけです。決して私のほうが人として偉いわけでもなく、彼らに対して私は何かしらの説教をできるような人格者でもありません。私は刑事弁護人として、法律のことは徹底的に結果を追い求め、プロフェッショナルであり続けなければなりませんが、人として上に立つということは決してできないと感じるようになりました。ですので、私は決して依頼人を説教したりすることはしません。というより、できません。

　また、彼らといろんな話をしていると、ほとんどすべての「悪人」（実際に悪いことをしてしまったという意味で）たちの話にどこか共感することができます。もちろんやってしまったことは悪いことだけれども、その人自身をまったく理解することができないということはほとんどありません。むしろ、彼らの話を聞けば聞くほど、アクリル板で隔てられた私と彼らは紙一重だと感じるようになりました。私は幸運にも弁護人という立場で彼らと接しているが、いつアクリル板の向こう側に行ってもおかしくないと思うようになりました。

⑷　なぜ「悪人」の弁護をするのか

　刑事弁護の仕事をしていると、「被害者の気持ちを考えないのか？」など

と言われることがあります。最近はそのような声がとても強くなってきています。もし本当に犯罪の被害があったならば、もちろん私たち刑事弁護人もその被害に同情します。ですが、そのことと、国家から訴追をされている刑事被告人を法律家として全力で守ることはまったく別の問題です。

　さらに、犯罪があった場合に、世間を含めて多くの人は被害者に同情し、犯罪を犯した人を非難します。同じ社会に生きる者として、社会で起きた犯罪を憎み、重罰を与えて排除したいと思う気持ちは自然なものかもしれません。しかし、刑罰というものが、国家によって市民の生命や自由を強制的に奪うという性質のものであることを考えたときに、みんなが被害者の立場に立って、犯罪を犯してしまった人に重罰を与えるように求めることはとても危険だということに気づかされます。無意識のうちに、気づかないうちに、国家による市民への権利侵害に加担してしまうことになるのです。刑罰にはそのような危険があります。

　そのときに、刑罰を科せられそうになっている1人の市民に寄り添い、その立場から援助することができるのが刑事弁護人です。刑事弁護人がいなければ誰も刑事被告人の立場に立たなくなるかもしれません。そのような意味で、刑事弁護というのは最後の砦だということができます。

　なぜ悪人の弁護をするのか？という問いに対する答えを一言で言うのは非常に難しいですが、私はこのようなことを考え、感じながら日々弁護活動をしています。

　この「なぜ悪人の弁護をするのか？」という問いは普遍的な問いのようです。日本の名だたる刑事弁護人たちもさまざまなところでこの問いに対する答えを述べています。またアメリカの弁護士たちが述べたこの問いに対する答えが本にもなっています[2]。この問いに対する答えは十人十色です。いろいろな人の答えを読んで、ぜひみなさんにも考えてもらいたいと思います。

3　刑事弁護は楽しい！

⑴　刑事弁護には困難がつきまとう

　数ある弁護士業務の中でも、刑事弁護は特に困難が伴う分野だと思いま

す。相手は検察官を代表とする国家権力であり、とてつもない力を持っています。一方、弁護士は一市民であり、強制的に証拠を入手したり、人を捕まえたりする権限など何もありません。そして、強大な検察は訴追をすると決めたら、全力でその一市民（被告人）に刑罰権を行使すべく戦ってきます。検察官が容赦することはありません。

　その結果、弁護人の言い分がなかなか通らず、忸怩たる思いをすることが多いです。また、裁判所はいとも簡単に 1 人の市民の身体拘束をする決定を出します。弁護人がいくら、逃亡しない、証拠隠滅などしないということを述べても、なかなか相手にしてもらえません（日本の刑事司法にはさまざまな問題があり、「人質司法」などと呼ばれることがありますが、その詳細は紙幅の関係でここではお話することができません）。私が学生のときに経験した刑事クリニックでの保釈の事例は、今でも状況はあまり変わっていません。それでも少しずつ現状を変えるべく弁護人が頑張らなければ、決して現状は変わりません。

⑵　刑事弁護には他では経験できない楽しさがある

　このように多くの困難がつきまとう刑事弁護という仕事ですが、その分、他の仕事では味わえない瞬間もあります。その一つが、みずからの力で身体拘束されている依頼人を釈放させることができた瞬間です。アクリル板の向こう側、高い塀の向こう側にいて、腰縄に手錠をつけられていた人を、弁護士の力で釈放させることができたときの達成感は他では味わいがたいものがあります。

　そして何よりも刑事弁護をやっていて最高の瞬間、それは無罪判決を獲得したときです。強大な国家権力である検察が全力で訴追してきたのを防御し、1 人の市民の生命、身体の自由を守り切れたときの達成感は何事にも代えがたいものがあります。

　そしてもう一つ。それは法廷で弁護活動ができるということです。日本の裁判システムでは、民事裁判は書面中心で進むので、法廷のやりとりがアクティブではありません。しかし刑事裁判は違います。2009年に裁判員裁判制度が始まり、それ以降、裁判が法廷中心に変わりました。法廷の真ん中に立って弁論をし、尋問をし、時には「異議あり！」と言いながら裁判をする

ことは純粋に楽しいです（扱っている事件は刑事事件なので楽しいという言葉とはか
け離れたものがありますが、法廷での弁護活動はとても楽しいです）。法廷という場
は、公共の空間であり、開かれています。時には傍聴席が傍聴人で埋め尽く
されることもあります。そのような空間で、口頭による、一回きりの攻防で
結論が出るという場面はなかなかあるものではありません。法廷での弁論も
尋問もやり直しなどできません。すべて一発勝負です。敵の証人に対して、
ある一つの質問をするべきかせざるべきか、について何日も悩みながら私た
ちはこの一回きりの攻防に臨んでいます。このような法廷での弁護活動はと
ても難しいものですが、とてもやりがいがあるものです。このような法廷で
の攻防を思う存分味わうことができるのが刑事弁護の楽しいところだと思い
ます。

4　最後に

　私は幸運にもあのときに刑事クリニックの授業を受けたために、刑事弁護
人という職業にありつくことができました。私が刑事クリニックの授業を受
けるまで、刑事弁護という職業に興味がなかったのは、本当に興味がなかっ
たからではありませんでした。単純にその仕事を知らなかったというだけで
した。もし刑事弁護という仕事を知らないまま、自分には興味がないと思い
込んでいたらとても不幸だったと思います（実は知らないほうがもっと幸せな弁
護士生活を送れていたかもしれませんが……）。

　学生のみなさんには、とにかくアンテナを張ってさまざまな人の話を聞い
てもらいたいと思います。この私の話を聞いて、刑事弁護に興味が湧いたと
いう人が 1 人でもいればとてもうれしく思います。

注
1　私たちはこのシステムを「保釈請け負いくん」と名付け、その仕様書を作成しまし
　　たが、裁判所からは一顧だにされませんでした。
2　『なんで、「あんな奴ら」の弁護ができるのか ?』（現代人文社、2017年）アビー・
　　スミス［著、編集］、モンロー・H・フリードマン［著、編集］、村岡啓一［監修、
　　翻訳］。

裁判官のキャリアマップ
——刑事裁判を中心に——

国連アジア極東犯罪防止研修所教官

細川 英仁

1　はじめに

　私は、2008年1月に裁判官になり、福岡地方裁判所の第1刑事部でその第一歩を踏み出しました。裁判員制度の施行を翌年に控えたこの時期、刑事裁判に関わるすべての人たちが、全力で準備をしていました。私の新米裁判官時代は、そんな「有事」の頃でした。

　本稿では、刑事裁判官の仕事をご紹介したうえで、そんな「有事」の頃を含む経験を振り返りながら、裁判官のキャリアマップを素描できればと思います。

2　刑事裁判官の仕事

　刑事裁判官の仕事というと、何をイメージするでしょう。

　法廷の一段高いところに黒い服を着て座っていて、有罪か無罪かを決めて判決する人、という感じでしょうか。このイメージ自体は、何も間違っていません。では、刑事裁判官は、有罪無罪をどのように判断し、判決の内容を決めているのでしょうか。その具体的な仕事の中身は、そこまで知られていないかもしれません。

⑴　刑事裁判官の仕事

　刑事裁判官の仕事は、法廷に始まり、法廷に終わります。そんな刑事裁判官の仕事から主なものを時系列で抜き出すと、次のようになります。

  ①　審理の対象を明らかにする（冒頭手続・冒頭陳述）

  ②　証拠を採用するかどうかを決める（証拠決定）

  ③　採用した証拠を取り調べる（証拠調べ）

  ④　検察官、弁護人、被告人の主張を聞く（論告・弁論・最終陳述）

  ⑤　判決を作成する（起案）

  ⑥　判決を言い渡す（判決宣告）

　このうち、①、③、④、⑥は必ず法廷で行います。②も通常は法廷で行います。つまり、刑事訴訟の法廷を傍聴すればこれらの場面を見ることができます。

　ところが⑤だけは、法廷傍聴をしても、その場面を見ることはできません。この作業は、裁判官の頭の中で行われているか、法廷の外で評議をしたり、検討結果を紙にまとめたりする方法で行われていて、外からは見えないのです。

　では、裁判官は、判決を作成する際にどのようなことを検討しているのでしょうか。その中身は、大きく事実認定、法令の解釈適用、量刑に分かれます。事実認定は、法廷で取り調べた証拠からどのような事実があったといえるのかを認定する作業です。法令の解釈適用は、認定された事実関係を前提に、法令を解釈適用して、犯罪が成立するのかどうかを検討し、犯罪が成立する場合、法律上選択可能な刑の範囲を検討する作業です。そのうえで、有罪判決の場合には刑の重さの検討、つまり量刑を行います。

　このうち法令の解釈適用は、少なくとも法学部にいるみなさんは、いずれ刑法の講座で事例問題に挑戦することになると思います。これが刑事裁判での法令の適用の基本部分です。量刑についても、その基本的な考え方は刑法の講座で取り上げられると思います。ですので、ここでは、これらの説明は省いて、事実認定がどのようなものなのか、簡単にご紹介したいと思います。

(2)　事実認定

　刑事裁判の事実認定は、すべて証拠に基づく証明によらなければなりません。不確かな根拠で刑罰を科すことは許されないからです。ある事実が証明

されたというためには、常識的にみて間違いないといえることが必要である
とされています。そのレベルで証明が成功しているかを検討して結論を出す
のが、事実認定です。

　といっても実感がわきにくいと思うので、設例を使って、事実認定がどの
ようなことを検討する作業なのか、少し具体的に見てみましょう。

【設例】

　被害者Ｖが、Ｖ宅の台所で死亡しているのが発見された。Ｖの身体には背
中側に刺し傷が1つだけあり、これが致命傷であった。他に出血部位はな
かった。傷の状況から自殺の可能性は否定された。

　倒れたＶの近くには、血の付いた包丁が1本落ちていた（以下「本件包丁」
といいます）。本件包丁は、もともとＶ宅にあった包丁であった。本件包丁と
Ｖの身体の刺し傷は形状が矛盾せず、付着していた血液のDNA型はＶのもの
と一致した。そして、その柄にはＸの指紋が残されていた。Ｖ宅の台所の包
丁スタンドに残された他の複数の包丁にも、ＶのDNA型と一致する血液が付
着していた。

　各種の証拠から、【設例】の事実が確実に認定できたとしましょう。

　さて、Ｘは、Ｖを刺した犯人なのでしょうか。もし、本件包丁がＶを刺し
た凶器で、そこにＸの指紋があれば、ＸがＶを刺したのではないかという推
論が成り立ちそうに見えます。しかし、そのような推論は、本当に成り立つ
のでしょうか。

　まず、そもそも本件包丁が本当に凶器といえるのかが問題です。たしかに
本件包丁とＶの身体の刺し傷は形状が矛盾せず、被害者のDNA型と一致す
る血液も付着しています。しかし、傷の形状と矛盾しないというだけでは、
確実に本件包丁でＶが刺されたのだとまではいえません。また、本件包丁に
付着した血液が、いつどのように本件包丁に付いたのかはわからないので、
血が付いている以上刺したはずだと断定もできません。

　他方で、Ｖの出血部位は1か所で、Ｖ宅の台所に残された他の複数の包丁
にも、ＶのDNA型と一致する血液が付着しています。料理をしているとき

に怪我をして包丁に血が付く可能性もあるでしょうが、その場合に複数の包丁にまとめて血液が付着する可能性は現実的には低そうです。とすると、包丁スタンドにあった包丁に血液が付着したのは、Vの負傷後であると考えられます。この場合、少なくとも次の2つの可能性が考えられます。

可能性1：Vが最後の反撃を試みて、出血しながら包丁スタンドにある本件包丁とは別の包丁を取りにいったという可能性（本件包丁が凶器である可能性が高いことになる）

可能性2：犯人が、他の似たような刃物でVを刺した後、V宅にあった本件包丁に血を付けて放置したが、包丁スタンドから本件包丁を取ろうとした際に他の包丁にも血が付いたという可能性（本件包丁は凶器でないことになる）

しかし、【設例】の事実関係だけではどちらなのかはわかりません。

次に、仮に本件包丁が凶器で、その柄にXの指紋があったとして、それはVが受傷したときに付いた指紋といえるのでしょうか。たとえばXがVと同居していて、普段からその包丁を使って料理をしていたとします。この場合、Xの指紋がすでに付着していた包丁を使って犯人がVを刺しただけで、Xは無関係という可能性も考えられます。

もちろんこうした問題がない事案もあるわけですが、【設例】の事実関係だけでは、XがVを刺した犯人なのか、常識的にみて間違いないとまではいえなさそうです。実際の事件であれば、検察官は他にもXが犯人であることを指し示す証拠を出すでしょうし、弁護人は反対の可能性を指し示す証拠を出すでしょう。それらをすべて総合して、常識的にみてXが犯人に間違いないといえるかを検討するのが、事実認定という営みです。

(3)　まとめ

以上、駆け足で刑事裁判官の仕事をご紹介しました。ただ、百聞は一見に如かずで、一度刑事訴訟の法廷傍聴をすれば、法廷での法曹の役割を、どんな書物を読むよりもよく理解できると思います。

　裁判の傍聴には、何の準備も必要ありません。服装もカジュアルで大丈夫です。裁判所に行けば、その日に法廷で行われている裁判は、満席の場合などを除けばすべて傍聴することができます。小さな裁判所では法廷が開かれる日が限られていることもあるので事前に確認が必要ですが、大きな裁判所では毎日のように法廷が開かれています。

　この本を手に取られた方には、刑事法廷の傍聴を、ぜひともおすすめします。

3　裁判官のキャリアマップ

　私の裁判官としての経験は、わずか10年と少しです。そんな私が裁判官のキャリアを語るのは、何だかおこがましい感じがします。しかし、キャリアマップという本書のテーマに沿うために振り返ってみると、その時その時の課題に挑戦した経験が次のステップにつながり、最初はぼんやりと、そして次第にはっきりと、次はこういうことを心掛けたい、こういうことができるようになりたい、といった視界が開けていって、次の課題が目の前に現れてきたような感じがします。きっと、これからもそうなのでしょう。

　このような観点から私自身の経験を振り返って、特に思い出に残っている時期をいくつかご紹介しつつ、裁判官のキャリアマップについて考えてみたいと思います。

(1)　裁判員制度黎明期の新米裁判官
ア　裁判員制度の夜明け前

　私が裁判官になったのは、裁判員制度が施行される前年、さまざまな検討が猛スピードで進められていた時期でした。

　当時想定されていた裁判員裁判の平均的なモデルは、1日から連続3日程度の集中的な審理の後、そのまま半日から2日程度の評議を行い、評議の結論が出れば即座に判決の言い渡しをする、というものでした。もちろん複雑な事件ではもっと時間がかかりますが、8割から9割程度の事件は、審理が始まってから判決まで1週間以内と試算されていました。今現実に行われて

いる裁判員裁判も、実感としてはこのようになっています。

　しかし、従来の刑事裁判の姿は、このモデルからは、かけ離れたものでした。法廷での審理は１日で終わることもありましたが、審理では大量の証拠書類が提出されて、裁判官室でそれをじっくり読まなければいけませんでした。審理が１日で終わらない場合は、１か月に１回程度の間隔で何回も法廷を開き、集中的な審理といった発想自体が乏しい状況でした。しかも、裁判員裁判の対象となるような重い罪に当たる事件では、審理の後に判決が出るまで１か月以上の期間があることも珍しくなく、時間をかけて完璧な判決を完成させることが大切にされていました。あらゆる現実が、裁判員裁判で想定されるモデルの対極にあるかのようだったのです。

　イ　「有事」に求められるもの

　どれほど現実がモデルの対極にあろうとも、2009年５月21日が来れば、裁判員制度は施行されます。そこで、何としても現実を理想に近づけなければいけないということで、実際の事件で検討と実証を重ねました。

　たとえば、従来１か月程度かけて作っていた判決をどうすれば迅速化できるか、実際に複数の事件で、さまざまなスタイルの判決を作成しました。そして、そのような判決を作成するのに必要な時間や評議の密度、そのために必要な審理の程度を実際に確認して課題を洗い出し、改善を重ねたのです。

　こうした議論や試行の際に力となったのが、学生時代の経験でした。私が在籍していた頃の早稲田大学ロースクールでは、たとえば外国法を参照しながら刑事訴訟手続を検討するといった機会がありました。既存の日本法の運用にとらわれない検討や、わずかではあるものの外国法に触れた経験が、まったく新しい制度の運用を考える際に役立ったのです。

　制度の転換期には、さまざまなことが流動化します。従来の慣行が通用せず、経験の価値が相対的に低下するからです。その反面、平時には使うことがないような幅広い素養が、輝きを増します。その結果、新米裁判官の提案でも、それなりの根拠と検討に基づくものであれば、とりあえず試してみようか、ということになりやすい時期でした。

　この時期の経験から、新しいことに挑戦する場面では、経験や地位に関わらずチャンスは平等にやってくる、しかしそのチャンスを活かすには、広い

素養と、それを運用する力が求められる、そんなことを実感しました。この実感は、その後、日々の仕事をこなすだけでなく、意識的にさまざまな書物を読んだり、各種の研究会に参加したりしようと思うモチベーションになりました。

(2)　刑事単独事件の経験

　2010年4月、私は福岡家裁で少年事件の担当になり、刑事裁判を離れました。その後、2011年7月から1年間ロンドンに留学し、帰国後は2013年3月まで福岡家裁小倉支部で少年事件を担当しました。そして、2013年4月からは最高裁の家庭局で事務方として勤務しました。

　こうした経験を経て、2015年4月、5年ぶりに刑事裁判の法廷に戻ることになりました。しかも、新米裁判官のときとは違い、1人で法廷を指揮する単独事件も担当する裁判官として。その舞台は、東京地裁刑事第17部でした。

　東京地裁の法廷には、多くの傍聴人が訪れます。そうした環境で5年ぶりに法廷に向かう緊張感は、相当のものでした。しかしこのとき、緊張感と同時に、やっと法廷に戻ってくることができて、何ともいえないうれしさも感じていました。裁判官の檜舞台は、やはり法廷なのです。

　刑事事件を再び担当することになり、私は、「動」と「静」の2つの側面を追い求めたいという方針を立てました。

　裁判員裁判の経験から、法廷での口頭の議論を重視し、刑事訴訟のルールに則って、当事者が全力で活動し、裁判官がその場でその裁定をする、そういう法廷を実現したいと思っていました。例えるならばスポーツの審判のようなリアルタイムの役割、これが「動」です。

　他方で「静」というのは、とことん調べ、とことん考えて判決を作り上げる役割です。これは苦しい作業ですが、その末にたった一つの結論にたどり着き、判決にまとめるやりがいは、何物にも代えがたいものがあります。

　東京地裁では、こんな二兎を追うつもりで、日々の事件に取り組み、可能な限り研究会などにも参加しました。実際にできたことは決して多くはありませんでしたが、このときの経験から、いつの日か、どっしりと落ち着いて

このような訴訟運営をすることができるだけの実力を蓄えたいという中長期の目標ができました。

(3)　育児休業

2016年4月、さいたま家地裁熊谷支部に異動になり、民事訴訟と家事事件の担当となりました。再び刑事裁判から離れることになりましたが、経験の幅は、一気に広がりました。

そして、熊谷支部勤務中の2017年8月下旬から翌2018年3月まで、約7か月間、育児休業を取得しました。職場の反応は暖かいもので、育休期間中の人員の手当も得て、安心して育休に入ることができました。

育休で得た経験は、1人の人間としても、裁判官としても、得がたいものでした。

1人の人間としては、誇張抜きで、生命の神秘を日々直接目撃することになりました。大変なことも多々ありましたが、初めて寝返りをする瞬間、初めてハイハイをする瞬間、これ以外にも、わが子の初めての瞬間に立ち会う経験は、他で得ることのできない感動的なものです。そして、この経験は、人生の中にそうした記憶と思い出を持つことの大切さを教えてもくれました。男性のみなさんも、もし将来、子をもつ機会があったなら、育児休業、それもできれば、数か月以上の本格的なものを取得することを強くお勧めします。少なくとも裁判所は、それが可能な職場です。

裁判官としても、乳幼児が関係者として登場する事件で問題になっている状況をよりリアルにイメージできるようになりましたし、手続の進行や判断がより的確になったように感じます。今後もわが子の成長を見守りながら、今はまだ本で読んだ知識にとどまっている発達段階ごとの子の状況などを、より実感に基づいた形で検討できるようになりたいものです。

ワークライフバランスという言葉がありますが、こと裁判官の職務において、ワークとライフは矛盾対立する概念ではありません。たしかに短期的には両者が時間を奪い合う場面もあります。しかし長い目で見れば、あらゆる経験が充実した裁判の実現に役立ちます。そう思って、今も日々、わが子の「初めての瞬間」に可能な限り立ち会うことを目指して、ワークとライフの

両方を追求しています。

⑷　来し方を振り返ってみると

　こうしてみると、私の裁判官としての経験には、思いもよらずその場に配属されたことによるものと、みずからの意思によるものの2種類があったように思います。

　裁判員制度の施行準備は、その時期に、地裁の刑事部に配属されなければなかった経験でしょう。他方で、はじめて刑事訴訟を1人で担当するときに立てた方針や育休取得は、自分自身の意思によるものです。裁判官の経験は、自身の意思で選択していくものに加えて、みずから選択することはなかったかもしれない職務を担当することになったときに、その場所で新しい何かに挑戦していくことによるところも大きいと感じます。

　私自身、2019年4月からは、裁判官の身分を離れ、国連アジア極東犯罪防止研修所の教官として勤務し、国際研修の企画立案運営等を担当しています。このような仕事をする日が来るとは、裁判官になった時点ではまったく想像していませんでした。けれど、次に裁判を担当するときは、ここで得た新たな視野を活かしていきたいと思っています。

　裁判官のキャリアマップは、ミクロには、さまざまな職務を担当しながら、その担当職務に日々挑戦することを通じて次第に新しい視野を獲得すること、マクロには、そうして得た視野を活かして5年後10年後の次のステージに向かっていくこと、この両輪によって、広がり、続いていくものなのかもしれないと思います。

4　結び

　この原稿を書くために、自分自身の足跡を思い返しました。新米裁判官時代も、その後の思い出深い事件も、思い出されるのはどれも、決まった正解がない中で最善を目指す、新しい何かに挑戦しなければいけない場面です。

　そのような場面では、チャンスは平等にやってきます。ただし、チャンスに後ろ髪はありません。一瞬で走り去るチャンスを掴みとれる確率を高めて

くれるのは、一見仕事に直接関係しそうにないものを含む広い素養と、それを運用して考え抜く力、いわば「知」のバックグラウンドだということを、新米裁判官時代の経験で、強く感じました。その後の職務を通じても、この実感に変わりはありません。

　大学や大学院は、このバックグラウンドを広げる格好の場です。職につくと、どうしても日々の仕事に追われます。相当自覚的に生活しないと、幅広い知見に触れる機会は減ってしまうのです。広げたバックグラウンドがどこでどう役立つかは予想できませんし、時には何でこんな役に立たなさそうな勉強をしているのだろうと思うこともあります。しかし、そこで得た知見が、将来、何か新しい正解のない問に挑戦するときに、思わぬ形で役立ってくれるかもしれません。これからの時代、正解のない問は増える一方でしょうから、裁判官に限らず、法曹に限らず、多くの仕事に同じことがいえるのではないでしょうか。

　その意味で、大学はキャリアマップの出発点です。1 人 1 人のその地図がどこに続いているのか、それは私にはわかりません。ただ、その地図の続く先に、法曹、そして裁判官という選択肢もあり得ることを、おぼろげにでも感じていただければうれしく思います。

第4章
既存の領域に新たな
可能性を切り開く法曹

弁護士記章（弁護士バッジ）

司法アクセスを良くしたい！

桜丘法律事務所

石田　愛

1　自己紹介

　早稲田大学法学部卒業後、研究者を養成する大学院である早稲田大学大学院法学研究科に進学し、修士課程を修了したところで、実務の世界を見てみたいと思って、裁判所の職員になりました。裁判所で働くうちに、法律問題を抱えている方がたくさんいること、しかしながら、適切な相談先をうまく見つけられない方が多いことに気付きました。そこで、裁判所の職員を辞めて早稲田大学ロースクールに入学し、司法試験を受けて、弁護士になりました。今は、渋谷にある桜丘法律事務所で、街の弁護士（いわゆるマチ弁）として働いています。

2　司法過疎問題と司法アクセス

(1)　司法過疎ってなんだろう

　まず、司法過疎とは何かということに触れておきます。一般的には、弁護士などの法律家が少ない、あるいはいないこと、そして法律サービスへのアクセス（司法アクセス）が容易でないことを、司法過疎ということが多いです。そして、そのような地域を司法過疎地域とよびます。

　この司法過疎問題というのが日本弁護士連合会（以下「日弁連」といいます）で大きく取り上げられたのは1996年のことでした。当時、全国203か所の地方裁判所・家庭裁判所の支部管轄区域のうち、弁護士事務所がまったくないか一つしかない、いわゆる「ゼロワン地域」が全国で78か所ありました。地

方裁判所・家庭裁判所あるいはその支部があるのに弁護士の事務所がなく、弁護士に相談しづらい地域が全体の約4割もあったのです。なぜこのような現象が起きるのかを考えてみますと、弁護士は自営業であることが多いので、人口が多く仕事も多い地域に集まりがちであるということなのではないかと思います。

　日弁連は、この状況を放置することなく、組織的に対応しようということで、「弁護士過疎地域における法律相談体制の確立に関する宣言」（名古屋宣言）を採択し、弁護士過疎・偏在問題の解決のために全力を挙げて取り組む決意を表明しました。その後行われた日弁連の主な司法過疎解消策として、①ひまわり基金法律事務所の開設、②法律相談センターの増設、③弁護士偏在解消のための経済的支援などが挙げられます。ごく簡略化して説明すると、①は司法過疎地域に法律事務所を作りそこに弁護士をおくというもの、②は弁護士に法律相談をする拠点となる法律相談センターを各地に設置するというもの、③はいわゆる弁護士過疎地域より広い「偏在解消対策地区」を設定して、そこで独立開業する弁護士に経済的な支援をするというものです。

　日弁連以外に、国も司法過疎解消策を打ち出しました。それが2004年に制定された総合法律支援法という法律に基づき設立された日本司法支援センター（法テラス）です。これについては後ほど述べます。

　日弁連や国によるこれらの施策によって、2011年12月には地方裁判所支部におけるゼロワン地域はいったんなくなりました。その後は、時々ゼロワン地域が生じてはまた解消する、というのが何度か繰り返されている状況です。

(2)　ゼロワン地域を解消するだけでは司法アクセスは良くならない

　ゼロワン地域はおおむね解消しつつありますが、それでいつでも誰でもどこにいても法律サービスにアクセスできるようになったかというと、そうではありません。東京や大阪という大都市で、弁護士がたくさんいるところであったとしても、弁護士に相談しやすい環境にないということは多々あります。

　いわゆるゼロワン地域であることだけが法律サービスへのアクセス、いわゆる「司法アクセス」を阻害する要因ではありません。法律サービスへのアクセスを阻害するハードルとしては、弁護士がいないという物理的・距離的なハードル以外に、金銭的ハードル、心理的ハードル、情報的ハードル、その他諸々のハードルがあります。これらのハードルをどうにかなくして、あるいはせめて低くして司法アクセスを良くしない限りは、法的問題を抱えた人々が問題解決しづらい状況は解消されません。

　司法アクセスを良くしたいといっても一朝一夕にできるものではありませんが、何か自分にもできることがないかと考えて活動してきましたので、少しご紹介したいと思います。

3　スタッフ弁護士としての司法アクセス改善に向けての取り組み

(1)　就職〜赴任

　ここからは私の個人的な取り組み・体験談についてご紹介します。

　司法試験に合格し、就職先を探すにあたって、幸い良い師匠に巡り会えました。桜丘法律事務所の櫻井光政先生です。櫻井先生は、私財をなげうってでも司法過疎問題解消に取り組もうとした司法過疎対策界の知る人ぞ知る第一人者です。櫻井先生が所長を務める桜丘法律事務所は、新人を採用して1年から2年程度実務の仕事を叩き込み、一人前に育てて、全国の弁護士を必要とする地域に赴任させるという取り組みをしています。赴任先もひまわり基金法律事務所か法テラスかも赴任時期も所長に一任、その代わり、赴任期間を終えて戻りたいときには桜丘法律事務所に戻れるという独自のやり方で弁護士を育てています。このやり方で、これまでに20名以上の弁護士を全国に送り出しました。私はその理念に賛同し、応募をして、無事入所することができました。

　桜丘法律事務所に入所して弁護士としてのスタートを切りましたが、怒濤の毎日でした。弁護士1年目とはいえ、弁護士としてバッチをつけたら1日目からプロである、ということで、緊張感を持って仕事に臨みました。1人

で地方赴任することに耐えられるよう、先輩たちと共同で事件処理に取り組みながら、先輩たちのやり方をまね、技を学ぶ日々でした。書類の作り方、出し方、依頼者との距離の取り方、相談の受け方、力の入れ方やストレスの発散の仕方、そういういろいろなもののベースは、この1年で学んだように思います。そうして地方赴任から戻った先輩たちから、地方赴任ならではの注意事項やこつ、ポイント等を直に学びながら入所後半年ちょっと経過した頃、櫻井先生から法テラスの弁護士になるよう言われました。

　法テラスは各地の県庁所在地や司法過疎地域等に自前の法律事務所を設置しており、法テラスが直接雇った弁護士をそれら法律事務所に赴任させています。法テラスが直接雇っている弁護士を、常勤弁護士、通称スタッフ弁護士といいます。スタッフ弁護士は給与制で、同期の判事・検事とだいたい同等のお給料をもらえます。任期制であり、1年の養成期間を経たスタッフ弁護士は、その後、3年ごとの任期付で働きます。もちろん更新もできます。

　私は法テラスのスタッフ弁護士採用試験を受け、無事採用されて、スタッフ弁護士になりました。先に述べたとおり任期は3年ですが、私は1度更新をして、合計6年間スタッフ弁護士として働きました。

⑵　法テラス過疎型事務所への赴任

　スタッフ弁護士には全国転勤があります。私の最初の赴任先は、京都北部の福知山という所でした。法テラスには県庁所在地などにおかれる都市型事務所と、比較的弁護士人口の少ないところにおかれる過疎型事務所がありますが、法テラス福知山法律事務所は後者でした。配属される弁護士は1名のみの小規模な事務所です。

　福知山は私にとってもともと縁もゆかりもないところで、初めて福知山に降り立ったときには、直接の知り合いは1人もいない状況でした。しかし、3年経って赴任を終える頃には、知り合いも増え、行きつけの店もでき、すっかり見知った町になりました。

　福知山は、京都駅から特急で約1時間半の距離にあります。福知山市の人口は約8万人、京都地裁福知山支部の管轄人口は約12万人という状況でした。自動車でおおむね2時間圏内に、京都地裁宮津支部、同舞鶴支部、神戸

地裁柏原支部、同豊岡支部があります。福知山支部の管轄区域はゼロワン地域ではなく、弁護士が10名前後いる地域でした。京都北部の宮津・舞鶴地域をあわせると、当時約20名の弁護士がいました。京都北部の先生方は熱心に仕事をしていらっしゃいましたが、それでもなお、まだ弁護士にうまくつながれないという方が一定数いるという状況でした。

　法テラス福知山で相談や依頼を受けた事件の種類を振り返ると、多かったのは家事関係と債務整理関係でした。これらの類型に関する相談が多いというのは全国的に見られる傾向です。ほかの事件も併せて事件の種類を見比べると、桜丘法律事務所で受けていた事件とさほど違いはありませんでした。

　桜丘法律事務所と法テラス福知山法律事務所での仕事における最も大きな違いは、法テラス福知山法律事務所のほうがカバーエリアが広く、移動時間が相当かかるということでした。京都北部に限らず、兵庫県など隣接他府県からのご相談・ご依頼もありましたので、裁判となった場合の管轄はあちらこちらにばらけます。現地確認や裁判所への出頭などに移動時間が相当程度かかり、体力的にもスケジュール的にもうまく回せるようになるまで少し時間がかかりました。

　また、小さな違いが特徴になるという点も違いの一つでした。京都北部には、女性弁護士が私を含めて２名しかいなかったため、女性弁護士に相談したいという方が来てくださるということがありました。都会であれば女性弁護士が数多くいますが、地方都市にはまだ女性弁護士が少ないところもあります。女性であることが特徴になるというのは、渋谷にいた頃にはあまりなかったことでした。

　少し脇道にそれますが、弁護士に相談したいというときに、たとえば得意分野や性別、年代等を見て、フィットする弁護士を選びたいというニーズは一定程度あるように感じます。フィットする弁護士がいるなら依頼したいが、そうでないなら自力で対応してみるという方もいるようですので、司法アクセスという観点からは、さまざまな弁護士の中からフィットする弁護士を選べるという環境作りもできるといいなと思っています。

　さて、こうして過疎型事務所に赴任して良かった点は大きく分けて３つあります。まず一つ目が、弁護士につながりにくかったであろう人たちに法的

なサービスを提供できるということです。弁護士としてお役に立てたと実感できる頻度が東京で働いていたときとでは比較にならないくらい多かったように思います。二つ目は、弁護士としての経験値・スキルを飛躍的に伸ばせるということです。弁護士になって2年目の弁護士が1人で何でもやるというのはやはりそれなりにハードです。悪戦苦闘しながらなんとか対応しているうちにできることも増え、スキルがアップします。三つ目は、都会とはひと味違う生活ができるということです。農業体験や釣り、あるいは自治会活動など、東京にいた頃にはできなかった生活が日常となりました。地元の方々と一緒に日々の生活を営むことで初めてよそ者である弁護士が地元に溶け込むことができます。稲刈りの時期は天候によってスケジュールを変更せざるをえないこともあるので農業を営む依頼者と面談する際は余裕を持った日程調整をしようとか、地元のお祭りの頃はなるべく依頼者を呼び出すのを避けようとか、そういったちょっとした配慮が、依頼者にとって利用しやすい司法サービスにつながるように思います。

　他方で赴任中大変だったこともなかったわけではなく、孤独を感じることもありましたし、仕事上でも、難しい問題を1人で処理せねばならず、苦労することもありました。それでもなんとか乗り切れたのは、桜丘法律事務所の先輩たちや知り合った弁護士たちから与えてもらった知識や情報、特に京都の弁護士や地元の方々のアドバイス、また法テラスやひまわり基金法律事務所で働く志を同じくする仲間たちとのメールや電話、加えて家族の支えがあったからだと思います。たくさんの人に助けてもらいながら、どうにか3年間の任期を全うしました。

⑶　法務省での研修と法テラス本部での仕事

　3年間の任期を終え、任期を更新するかどうか迷っていたところ、法テラスの本部部付となって法務省に研修に行く、という選択肢があることを知りました。目の前の市民のみなさんのお手伝いをすることで福知山周辺における司法アクセスを少しは良くできたかもしれませんが、やはり限定的です。制度そのものを変えることができれば、より司法アクセス改善ができるのではないかと思っていたところでしたので、ぜひ行ってみたいと思い、希望を

出し無事行けることになりました。

　研修先は、法務省大臣官房司法法制部の中でも法テラスの設置根拠となる総合法律支援法を所管している部署でした。ここでの1年間の経験はあまりにも濃密なので書き尽くせませんが、霞ヶ関の省庁における調整の仕方や仕事の在り方、あるいは制度設計の仕方など、さまざまなことを学ばせていただきました。

　法務省での研修を終えた後は、法テラス本部にある常勤弁護士総合企画課という部署に配属となり、部付弁護士として法務省での研修内容をフィードバックしたり、企画立案に関わりました。国側から全体を見渡し、一機関である法テラスで制度をどう落とし込むかを考えるといった作業は非常に難しく、かつ面白いものでした。

⑷　都市型法テラスでの仕事

　その後、都市型の法テラスである法テラス東京法律事務所に異動しました。都心の四谷で法テラスがどのようにセーフティネットとして機能しようとしているのか、その取り組みに参加させてもらう中で、都会における司法アクセス不全についていろいろと考えさせられました。

　農村部よりも都会のほうが人間関係がドライな面もあり、ご近所同士でうまく助け合う空気が醸成されていないこともあります。その中で孤立した援助を要する方々に対して、どのように援助の手を伸ばすかという課題に、法テラス東京のスタッフ弁護士たちは取り組んでいました。当時行われていたのは、司法ソーシャルワークとアウトリーチというものです。司法ソーシャルワークというのをごく簡単にご説明すると、たとえば援助を要するご本人がいて、その方に必要な援助として、病院による医療的ケア、弁護士による法的問題解決のお手伝い、介護士による生活のお手伝い等、それぞれできるサービスをお互い持ち寄って、互いに連携しながら適切な援助をしようというものです。周りの人たちが手を結ぶことによって、ご本人のために何ができるかをチームで役割分担しながら考えるというのが司法ソーシャルワークのイメージです。また、アウトリーチというのは、弁護士側から手を伸ばしてアクセスし、援助につなげていくという取り組み方です。

司法アクセス改善のために志を同じくするスタッフ弁護士たちが仕組みを考え出し、実際に取り組んでいる姿を見て、非常に心強く感じました。

4　スタッフ弁護士卒業後の司法アクセス改善に向けての取り組み

再び桜丘法律事務所へ

　6年間の任期を終えたところで、法テラスを卒業することにしました。法テラスという枠組みを離れて司法アクセスについて考えてみたいと思ったためと、自分の仕事が独りよがりになっていないか、初心に戻って見つめ直してみたいと思ったためです。

　そこで、再び桜丘法律事務所に戻り、マチ弁としてもう一度仕事をすることにしました。桜丘法律事務所では、司法過疎地に行く後輩を育てています。司法アクセスを良くするということはとても大変で、一緒に取り組む仲間を増やす必要があります。そのために、桜丘法律事務所で司法アクセス改善に取り組む仲間を育てて全国に送り出すお手伝いをしています。

　あわせて、司法研修所の所付という仕事にも携わりました。司法アクセス改善のためには、質の良い司法の担い手が必要です。司法の担い手を育てる司法研修所でお手伝いができることは、非常に楽しくやりがいがあることでした。

　いろいろやってまいりましたが、弁護士の仕事は本当に自由で面白いです。これまでは司法アクセス改善を一つの活動の柱として、やりたいことも大事にしつつ、何をなすべきか、ニーズは何かというのを考えながらやってきましたが、これから何をしていくかは決め打ちせず、臨機応変、柔軟にやっていきたいと思っています。

　これを読んでくださっているみなさんは、今それぞれさまざまな立場にあると思いますが、無駄なことは本当に一つもないという気持で日々いろんな事にチャレンジしてほしいなと思います。法律の勉強ばかりやっているのがよいわけではありません。いろんな体験が役に立ちます。私も早稲田で過ごす中で体験したいろいろなことが、今の仕事に活きていると思うことが多々

あります。そして、いろいろなつながりを大切にしてください。人とのつながりもとても大事です。たとえば、早稲田で出会った人たちというのは全員が弁護士になっているわけではなく、本当にいろいろな活動をしていますが、その人たちと今も一緒に仕事をしたりしています。意外なところで思わぬ化学反応が起きて新しい発想につながるというところもありますので、どうぞ恐れずに人脈を広げてください。みなさんには、いろんなことにチャレンジしつつ、つながりも大事にしながら、毎日毎日を大事に生きてほしいなと思います。そして、もし興味を持ってくださったら、司法アクセス改善に少しだけでも参加していただけるとうれしいです。

私のソクドク体験記

天野　仁

1　自己紹介

　私は現在53歳で、東京都新宿区にある弁護士法人ステラの代表弁護士を務めています。弁護士法人ステラは弁護士６名で、一般民事、家事、刑事、会社関係等の事件を幅広く扱うマチ弁の法律事務所です。

　私は1991年に早稲田大学法学部を卒業して、富士銀行（現みずほ銀行）に就職し、17年間勤務した後、銀行を退職して40歳で早稲田大学ロースクールに入学しました。未修コースで３年間学んで、司法試験に合格し、2013年1月に弁護士になり、同時に法律事務所を開設しました。

　弁護士資格を得ると同時に独立開業する弁護士を「即時独立」を略して「ソクドク」とよんでいます。私がソクドクしてから８年が経過したわけですが、ここではソクドクするまでのことを振り返ってみたいと思います。

2　子どもの頃から学生時代

　私は人や社会に対する興味・関心が強い子どもでした。小学生の頃から松本清張の小説が好きで片っ端から読んでいました。本を読むうちに法律の面白さを知り、図書館で佐賀潜の「民法入門」や「刑法入門」などを借りて読みました。子どもなりに、社会の中で依頼者のために自分の能力を駆使して正義・公平を追求する弁護士の仕事が自分の好みに合っていると感じ、小学校の卒業文集の将来の夢の欄に「弁護士」と書きました。

　高校に入ると、部活動でオリエンテーリングを始めました。オリエンテー

リングは地図とコンパスを用いて、専用の地図上に示された10個程度のポイントを回ってくる時間を競う競技です。私は熱心に取り組み、高1の全日本大会で5位に入賞し、さらに高2の東西対抗戦で準優勝しました。大学はオリエンテーリングの強豪校に行こうと考え、当時、大学選手権大会（インカレ）で最多の優勝回数を誇っていた早稲田大学に進学しました。

　大学の学部は子どもの頃の興味の延長で法学部を選びました。しかし、当時の司法試験の合格率がきわめて低かったため、司法試験は目指さず、結局、大学ではオリエンテーリングばかりやっていました。

　大学3年時に関東学生オリエンテーリング連盟（関東学連）の幹事長になりました。これは関東の加盟大学の統括組織で、各大学出身の幹事10名程度が中心となって加盟校のための活動をしていました。私は学連のトップになったからには、多くの人と交流しようと考え、大会会場で積極的に他大学の人に声をかけて回りました。そのため、交友関係が一気に広がりました。大学4年時には日本学連の幹事長になり、交友関係は全国に広がりました。競技のほうは大学4年のインカレ団体戦で準優勝しました。オリエンテーリングは大学卒業後もずっと趣味として続けていて、現在も各地で開催される大会に出場しています。

3　銀行時代

　就職先は子どもの頃からの興味・関心の延長で、人や社会に幅広くかかわれる銀行にしました。富士銀行に入って最初に配属された蒲田支店で外回りの営業になり、町工場や個人富裕層を担当しました。毎日、自転車で取引先を回り、さまざまな人と出会い、銀行は人や社会に幅広くかかわって人の役に立てる仕事であると実感しました。

　3年後に本部に転勤し、商品開発担当となり、外貨預金やインターネットバンキング等の新商品の企画・開発を行うようになりました。銀行の本部の仕事は、全国の数百の支店、ひいてはお客さまに多大な影響を与えるやりがいのある仕事でした。富士銀行は三行統合でみずほ銀行になりましたが、その統合作業も商品担当者として最前線で対応しました。

　そうこうしているうちに本部勤務が10年を超えました。商品開発はたしかにやりがいのある仕事でしたが、一方で自分が本当にやりたい仕事とは違うのではないかという思いが生じました。自分は、もともと、商品開発ではなく、人や社会に幅広くかかわれる仕事がしたかったのではないかと。

　そんなときに法科大学院制度が新設され、司法試験の合格率が格段に上がるというニュースを耳にしました。そういえば、自分は、子どもの頃、弁護士になりたかったんだと思い出しました。また、組織で働くのではなく、独立起業したいという思いもありました。手に職を持たずに起業するのは怖いけれど、資格があれば、何とかなるのではないかと考え、銀行を退職して法科大学院を受験することにしました。ただ、当時はある新商品の開発の真最中であったため、実際に早稲田大学ロースクールに入学したのは新商品発売の翌年でした。

4　法科大学院から司法修習

　私が早稲田大学ロースクールに入学した2008年は制度が始まってすでに5年目で、社会人出身の学生はだいぶ減っていて若い人がほとんどでしたが、私も若い人たちの仲間に入れてもらい、遊んだり、勉強したりして、楽しく過ごしました。二度目の青春時代が訪れたかのようでした。大学院3年の後期から勉強を本格化させ、仲間とゼミを組んで本番に備え、2011年に司法試験に合格し、11月から司法修習が始まりました。

　私は修習当初からソクドクを視野に入れていました。弁護修習では、赤坂の水津正臣法律事務所に配属されました。水津先生は、当時、60代後半で、東京弁護士会副会長も経験している大ベテランでした。そこで、一般民事、家事、刑事、会社関係など、さまざまな事件を見て、弁護士の仕事はまさに人や社会に深く関わる仕事であると実感しました。水津先生はバイタリティがあって、依頼者に対しても、時に厳しく、時に優しく、私が子どもの頃に考えていた弁護士そのものでした。私は先生のように自分の人間性を出して、思うように弁護士の仕事をしてみたいと思いました。

　夏の終わりの集合修習で、私と同年配のソクドク希望者であった同じクラ

スの塚本秀夫さんから、私が開業に向けて何も準備していないことを心配されました。塚本さんは千葉県でソクドクしようと考えていて、早くから県内の法律事務所を訪問し、先輩弁護士の話を聞いて回っていました（塚本さんは、現在、木更津市で開業されています）。当時、修習生の間では、ソクドクは地方のなるべく弁護士がいない場所でした方がよく、弁護士が多い東京や県庁所在地は競争が激しいから避けるべきといわれていました。そのため、私も地元の神奈川県の田園都市線沿線に狙いを定め、塚本さんにならって先輩事務所の訪問を始めました。驚くことに、その時点で、川崎市の溝の口から大和市の中央林間に至る急行停車駅にはすべて法律事務所ができていました。60期以降の新司法試験世代の事務所が多く、同じことを考える人がいるものだと思うと同時に、法曹人口拡大の効果が表れていると感じました。

5　事務所物件探し

　私は溝の口を候補地として事務所物件を探しました。郊外に立地する地域密着型事務所では、地域の顧客のアクセスの利便性が集客力を大きく左右するため、駅前に開設することが必須ですが、溝の口駅前の家賃は坪1万円以上でした。当時、私が参考にしていた「弁護士のための事務所開設・運営の手引き」（日本弁護士連合会編）という本に「一般的には、弁護士1人につき15坪にプラス5坪あれば十分」という記載がありました。1人で15坪だと、家賃は月15万円以上になります。顧客がどれだけ来るか、わからない段階でしたので、私は家賃を月10万円程度に抑えたいと考えており、15万円だと予算オーバーのため、計画の再検討を余儀なくされました。

　そんなときに、ロースクールの同級生だった今井時右衛門くんが「自分もソクドクすることにしました」と声をかけてきました。今井くんは陸上自衛隊出身の社会人経験者です。意気投合してあっという間に2人で一緒にソクドクすることになりました。ただ、今井くんの自宅は埼玉県だったので、事務所を溝の口にするわけにはいかず、神奈川県在住の私との間をとって、東京で事務所を開設することにしました。

　二回試験（司法修習の修了認定試験）が終わり、12月に入って、今井くんと2

人で事務所物件を探し始めました。まず、銀座線沿いを探しましたが、どこも家賃が高かったので見送りました。20坪で月20万円程度の家賃という条件に固定して物件を探していたため、実際には高いというより、みすぼらしいという印象でした。法律事務所があまりにみすぼらしいのでは信用にかかわるだろうと思い、今度は半蔵門・麹町周辺を探したところ、だいぶ手頃な家賃になりました。

　ある日、麹町の物件を内見した後にたまたま入った地元の不動産屋から「麹町より四谷のほうが安いですよ」と言われました。翌日、勧められるままに四谷の物件を10件ほど回りましたが、その中に不動産屋が「この物件は月24万円だけど、ぜひ見てほしい」というものがありました。そこは家賃が高い分だけたしかにきれいで良かったので、不動産屋と交渉して月18万5,000円にまけてもらいました。契約したのはクリスマスイブの日で、入居は年明けになりました。

6　事務所開設

　2013年1月に新宿区四谷で、今の事務所の前身の天野今井法律事務所を開設しました。部屋の引渡しを受けましたが、室内はがらんどうでした。依頼者が来る予定もないので、今井くんと2人で、机、椅子、本棚、パソコン、複合機等を購入し、電話やインターネット回線の手配などをしていたら、あっという間に1か月が過ぎました。

　実際に入居してみると、2人で20坪の部屋は広すぎることに気がつき、他にも一緒にやりたい弁護士がいたら、積極的に受け入れることにしました。当時のうちの事務所は各人がそれぞれで収入を得て、経費だけを分担する方式（経費共同事務所）でしたので、所属弁護士が増えるほど、1人当たりの経費が減ります。すぐに修習で同じクラスだった本田豊くんが加わり、その後、経費を分担する弁護士は多いときで5人になりました。

　こうして経費を抑えることはうまくいったのですが、問題は収入です。そもそも、私はお客さまが来るあてがないから、東京を避けて溝の口での開業を考えたのに、共同で事務所を運営することによる経費の安さにつられて、

東京のど真ん中に来てしまい、結局、収入を得るあてがなくなっていました。

7　顧客獲得のために

　1月のある日、私は今井くんと2人で、水津先生のところに事務所開設の報告に行きました。先生は、我々2人を別室によんで、言いました。

　「弁護士が独立するには、人と会うことを億劫がってはいけない。」

　「まず、弁護士以外に1,000通、挨拶状を出しなさい。そして、その先に、毎年、年賀状を出して、弁護士がここにいるぞって発信し続けなさい。弁護士以外に1,000通出せれば、事務所は回っていきますよ。」

　私は他に方法もなかったので、先生に言われたとおり、挨拶状を出すことにしました。経費節減のため、封書でなく葉書にしました。ただ、私はそれまで毎年の年賀状を100通ほどしか出していなかったので、それ以上に出すあてがなく困りました。住所を知らないと挨拶状は出せません。仕方なく、以前作成された早稲田大学オリエンテーリングクラブのOB名簿をもとに、普段、年賀状を出していない人にも挨拶状を出しました。長年、やりとりのなかった人に挨拶状を出すのは気が引けたのですが、1,000通を目指している手前、頑張って出しました。それでも、最初に出せた挨拶状は約400通でした。私は「これじゃ、事務所は回っていかないなぁ」と思いました。

　ただ、そうも言ってはいられないので、もうひとつ、先生に言われた「人と会うこと」を実践しました。知り合いからの紹介を中心に、毎日のように人と会うようにしました。ほとんどの場合、夜、お酒を飲みながらです。日によっては気が進まないこともありますが、先生に「億劫がってはいけない」と言われていたので、そういう時も心を奮い立たせて行きました。先生が「億劫がってはいけない」という言い方をしたのは、長年の経験からそういう気持ちになることをわかっていたからだと思います。

　人と会うことを実践してみると、皆、弁護士が何をやっているかは知っているので、会った人に弁護士であることさえ伝えれば、あとは楽しく飲んでいればよく、ある意味、こんな楽な営業活動はないと思いました。商品は自

分なので、自分の人となりが相手に伝わればよいのです。

　私は新たに知り合った人に対し、会った翌月に挨拶状を出すことを1年間続けました。最後の挨拶状は11月に知り合った人に12月に出しましたが、その挨拶状には、（ほぼ1年前の）「2013年1月に事務所を開設しました」と記載されていました。こうして、当初400通であった挨拶状の出状先はだんだん増えていき、翌年の正月に出した年賀状は800通になりました。1,000通には届きませんでしたが、その頃には相当数の事件の依頼が来るようになり、事務所は回るようになっていました。弁護士になる前は世の中に事件がどのくらいあるのか、見当もつきませんでしたが、実際に弁護士になってみると、世の中にはこんなにも事件があるのだと思いました。弁護士でない人に自分のプライバシーにかかわる事件の話をすることは通常はないから、弁護士になる前にわからないのは無理のないことですが。

　事件の依頼は、誰から、いつ、来るか、誰にもわかりません。自分との距離の近さは関係なく、意外な人から依頼が来たりします。それは、明日かもしれなければ、10年後かもしれません。もしかしたら、一生、来ないかもしれません。それでも、私は人と会って話すこと自体が楽しいので、それでいいと思っています。弁護士になっていなかったら、昔の友人には二度と会わないままになっていたかもしれませんが、私が弁護士になったことで交友関係が復活した人がたくさんいます。毎年の年賀状で近況を知るのも楽しいです。それだけでもうれしいことですが、そうした旧友に頼られて、依頼を受ければ、なお一層うれしく、やりがいが感じられます。

8　ソクドク経験を振り返って

　これまでを振り返ると、私は幸運だったと思います。事業計画など作成したことはないのに結果的に何とかなりました。その要因として、3点、思い当たりました。

　1点目は社会人経験があって相応に年をとっていたことです。見た目からして新人弁護士とは思われませんでした。弁護士1年目の何かの調停の際に、調停委員から「先生もベテランだから、わかりますよね」と言われたこ

とがありました。銀行で鍛えられた経験も大きかったです。新商品開発は一筋縄ではいかず、企画を通すため、いくつもの関係部と折衝を繰り返しました。また、支店でのお客さま商売の経験も生きています。マチ弁であれば、弁護士経験の長さがなくても、社会経験があれば十分にやっていけます。社会人経験者を法曹界に取り込もうという司法制度改革の理念は良いと思います。

　2点目は知り合いが多かったことです。小学校の友達から銀行時代の同僚に至るまでさまざまな人から事件の依頼は舞い込みます。特に学連の幹事長を経験させてもらったおかげでオリエンテーリング関係者からの依頼が多いです。自分と同年配の人は、現在、40代から50代で、離婚や相続、会社経営の困り事など、ちょうどいろいろなことが起きる年頃であったことも幸いしました。

　私は弁護士になる前、自分に知り合いが多いとは特に思っていませんでしたし、それが強みだなどとは考えてもみませんでした。銀行のような大企業ではつきあう業者は決まっているため、銀行時代に自分の人脈を意識することがなかったからです。だからこそ、はじめは溝の口で地域密着型事務所を開こうと考えたわけです。ところが、東京の都心に来てしまったため、やむを得ず、挨拶状を出す戦術に転換したのですが、私には1,000通以上の挨拶状を出せるだけの友人が潜在的にいたのです。埼玉県や千葉県の知り合いからも依頼は来ますが、神奈川県の溝の口で事務所を開業していたら遠いので依頼されなかったかもしれません。東京での開業は結果オーライでした。また、私は学生時代に「この交友関係が、将来、生きてくる」などと考えて人と付き合ったことはありません。オリエンテーリングも学連もただ楽しいからやっていたのです。その意味でも結果オーライでした。

　3点目は周りの人に恵まれたことです。

　ロースクールの同期だった今井くんが一緒にやってくれたから、ソクドクすることができました。東京に来たのも今井くんの影響です。事務所の初期メンバーだった今井くんや本田くんは今は別の事務所に移っていますが、最初の数年間を同期で和気あいあいと過ごせたのはいい思い出です。一人で独立していたら寂しかったと思います。

　修習の指導弁護士が水津先生だったことも幸運でした。私はソクドクなので、本来、師匠はいないはずですが、弁護修習で３か月間いただけなのに門下生として扱ってくださり、毎年、事務所の忘年会にもよんでくださります。水津事務所のイソ弁（勤務弁護士）のみなさんにもわからないことをよく質問して、大変お世話になっています。

　質問といえば、私は同期にもよく質問しています。ロースクールや修習時代に多くの同期と友達になったので、今やさまざまな分野で専門家になった同期にいろいろ教えてもらい、助けてもらっています。ソクドクをするのであれば、気軽に何でもきける人を持つことは必須です。既存の事務所に就職すれば、ボス弁（所長弁護士）や兄弁（先輩弁護士）などにきけるのでしょうが、その代替手段になります。

　家族にも感謝しています。弁護士になってから、銀行を辞めて弁護士になった自分の経歴を人に話すと、「奥さん、よく許しましたね」と、多くの人から判で押したように言われました。私は、人生は一回しかないから、自分のやりたいようにやったほうがいいと考えて、銀行を辞めたわけですが、妻も特に反対しなかったので、そんなに言われるほどのことをしたという意識はありませんでした。しかし、あまりにも多くの人から「奥さん、よく許しましたね」と言われるので、そのことを妻に話したら、妻は「今頃、わかったの」と笑っていました。

9　　最後に

　弁護士は、その特性上、独立開業に向いた仕事だと思います。

　私は、現在、依頼者とともに真剣勝負をして泣いたり笑ったりする弁護士の仕事と、事務所の仲間たちとともに事務所をより良くする経営の仕事の両方で充実した日々を送っています。

　本稿をきっかけに独立開業を考える弁護士が増えればうれしいです。もし、ご質問等があれば、できる範囲でお答えしたいと思いますので、いつでもお気軽にご連絡ください。

弁護士と公認会計士

早稲田リーガルコモンズ法律事務所

横倉　仁

1　私が公認会計士になるまで

　私は学部では経済学を専攻していました。当時はちょうどバブル経済の崩壊直前のころで、就職も超売手市場。なかでも今のメガ・バンクの前身である都銀、長信銀を中心とした金融機関が人気の的で、ゼミの同期の多くもそうした金融機関に就職していきました。私もご多分に漏れず就職活動もしましたが、元来天邪鬼なところがあって、なんとなく人とは違う途に進みたいと考えていました。経済系の資格といえば今も昔も公認会計士が高い知名度を誇っていますが、当時は世相を反映してか、受験予備校のパンフレットも派手でした。表紙をめくると、いかにも高級そうなスーツを身にまとい、アタッシュケースを携えた会計士と思しき御仁が、ヘリコプターから降りてきてクライアントと握手しているという、今思うとなんだかなあという写真が見開きで飛び込んできます。その姿に憧れたというわけではないのですが、あまり深く考えることもなく会計士を目指すことにし、目指すからには一生懸命に勉強し、卒業と同時に今の四大監査法人の前身である大手監査法人のひとつに就職しました。士業としての長いキャリアの始まりです。まさかその後に弁護士になるとは思ってもみませんでしたけれど。

2　公認会計士の仕事について

　ところでみなさんは公認会計士がどのような仕事をしているかご存知でしょうか？ 医師や弁護士を主人公とした映画やドラマは古今東西いくらで

もありますが、会計士が主人公というドラマはほとんど聞いたことがありません。私が知る限り、10年くらい前に塚本高史さんと松下奈緒さんが主演したNHKの「監査法人」（6回シリーズ）というドラマくらいのものです（DVD化もされているので関心のある方はぜひご覧ください）。会計士業務のなかでも監査（会計監査）という仕事は地味なものです。華麗なるメスさばきや颯爽たる弁論といったスクリーン映えするシーンにはお世辞にもなりにくい。プロフェッションの歴史という点でも、医師や弁護士がギリシャ・ローマ時代の昔から市民社会に根付いた職業であったのに対し、会計士は産業革命を経た19世紀のイギリスでようやく誕生した歴史の浅い職業です。そんなわけか、公認会計士という資格の存在は知っていても、実際のところ彼らが何をしているのかよくわからないという人も多いのではないでしょうか。とくに社会経験のあまりない学生にとっては、「患者さんを助けたいから医師になりたい」とか「困った人の力になりたいから弁護士になりたい」というような、ある意味でわかりやすい志望動機を持ちにくい資格です。先ほど私が「あまり深くも考えずに」会計士を目指したというのもそういう意味です。

　しかしながら、いざなってみると社会的使命の重みに目覚める仕事です。その出自が産業革命期にあることからもわかるとおり、会計士の歴史は資本主義経済発展の歴史そのものであるといってよいでしょう。その中核となる監査業務は、企業が公表する決算書、すなわち、財務諸表、計算書類に対し独立した第三者として監査意見を表明するというもので、証券取引所を中心とする資本市場の最も重要なインフラのひとつとして機能しています。公認会計士が行う業務には、監査業務、コンサルティング業務及び税務業務（ただし、わが国では別に税理士登録する必要があります）の3つがあるとされていますが、このうち監査業務は公認会計士及びその集団である監査法人にのみ認められた独占業務です。監査こそ会計士のレーゾンデートル（存在意義）であり、いわば弁護士にとっての訴訟代理のようなものです。「会計士的な発想」とか「会計士的なアプローチ」の源泉は監査業務の経験にあるといっても過言ではありません。監査業務に従事して何年かすると、このまま監査を続けるのか、コンサルティングや税務に軸足を置いていくのか、あるいは、事業会社や金融機関、ファンドなどの会計事務所以外のフィールドに転身す

るのかなど、将来のキャリア・パスについていろいろと考えるようになります。ですが、どのような仕事に就くにせよ、監査業務は会計士にとっての一丁目一番地。その経験を活かすことになります。それは弁護士となった私にとっても同じことです。

3　監査法人でのキャリア

　現在の会計士業界は Big 4 と呼ばれる 4 つの巨大な国際的会計事務所を中心に動いています。Big 4 とは PWC（プライス・ウォーターハウス・クーパース）、EY（アーンスト・アンド・ヤング）、DTT（デロイト・トゥッシュ・トーマツ）そして KPMG のことです。わが国の四大監査法人（あらた、新日本、トーマツ、あずさ）もこれら Big 4 のメンバー・ファームになっています。私が業界に入ったのはまだ Big 8 とか Big 6 と呼ばれていた時代でしたが、その後、合併が進んで現在の陣容になっています。世界的にみると、会計事務所は先にみた監査、コンサルティング及び税務の 3 つのサービス・ラインをひとつの事業体で提供していますが、わが国では業法の垣根の問題があり、監査を行う監査法人を中核として、コンサルティングを行う FAS（フィナンシャル・アドバイザリー・サービス）及び税務を取り扱う税理士法人に分かれて運営されています。ちなみに、Big 4 はリーガル・サービスも提供しており、わが国でも EY と DTT は弁護士法人を擁しています。

　会計士試験に合格すると、その多くは現在の Big 4 をはじめとする大手の監査法人に就職します。私もそうでした。監査法人ではさまざまな業種や会社の監査チームに入って、監査人としての経験を積んでいきます。私も、石油、建設、食品などの巨大企業グループから、IPO（イニシャル・パブリック・オファリング、新規株式公開のこと）を目指す中堅企業までバラエティに富んだたくさんのクライアントを担当しました。

　こうしたクライアント企業が作成した財務諸表に対して、監査人が監査意見を表明するまでには長いプロセスを必要とします。当時と今とでは監査のやり方も随分変わってきてはいるのですが、大まかにいうと、監査計画を立て、監査対象である財務諸表の項目別に監査手続を実施して監査証拠を集

め、これを評価検討して監査意見を形成していきます。監査チームとしての結論がまとまると、監査法人内部での意見審査を受けます。審査では監査チーム以外のベテランのパートナー会計士から次々と厳しい質問が飛んできます。これに窮するようでは審査をパスできません。この審査によって私も随分と鍛えられました。審査手続を経て、ようやく、その監査法人として正式に監査意見を表明することができます。

　さて、決算書に表示される数字というのは、1年におよぶ事業年度の何万何十万あるいはそれ以上の膨大な取引記録から成り立っています。取引記録とは、購買、製造、販売、開発、人事、資金調達といった企業のあらゆる経済活動を「複式簿記」の手法で帳簿に取りまとめたものです。ある経済事象が発生してから財務諸表に反映されるまでには幾多の事務処理プロセスを経ることになります。そのプロセスを管理する手段が、会社法で勉強することになる「内部統制」です。監査では購買、製造、販売といった企業活動の類型別に内部統制の整備及び運用状況を評価し、その評価結果に基づいて虚偽記載（粉飾決算）が発生するリスクの種類、有無、程度を識別して、財務諸表の各勘定残高を実証的に裏付けていきます。

　ところで、みなさんは監査についてどのようなイメージを持っているでしょうか。監査人はただ会議室で黙って会社の帳簿を眺めているわけではありません。英語では監査のことを"audit"、監査人のことを"auditor"といいますが、その語源は"audio"つまり「音」とか「聴覚」です。クライアントの関係者からよく話を聞くというのが監査の基本です。話を聞く相手は、経理部や財務部の人たちに限られません。本社だけではなく、全国各地、世界各地の支店、工場、子会社に往査して営業部や製造部の人たちから話を聞き、生産ラインを視察したり、在庫の棚卸しに立ち会ったりします。監査は徹底した「現場主義」に貫かれています。もちろんトップ・マネジメントや会社内部の監査役からも話を聞きます。監査人はこうして担当企業をくまなく歩き回ってさまざまな人たちから話を聞きますから、何年か経つとごく普通の社員よりもよほどその会社に詳しくなります。監査法人のクライアントには超一流の上場企業もたくさんありますから、監査人はいってみればその業界のベスト・プラクティスに直に触れることができます。これは監査人の

特権といってよいでしょう。

4　私が法曹を目指したきっかけ

　私は「どうして会計士から弁護士になろうと思ったのですか」という質問が嫌いです（笑）。ロースクールを出てから十数余年、何度この質問を受けてきたことか！　そのたびに「なぜだったのかなあ」と考えるのですが、考えているうちによくわからなくなってしまいました（笑）。

　それでも敢えてこの問に答えようとするならば、多分、次のような情緒的な理由です。監査人というのは非常にアンビバレントな立場にあります。監査人はクライアント企業と監査契約を締結し、監査報酬もその企業から得ることになりますが、その究極の奉仕先はその企業自体ではなく、当該企業の背後に控える不特定多数の一般投資家です。一般投資家が誤った判断をしないように、監査によって財務諸表の品質を保証するわけです。ですから、クライアント企業の財務諸表に虚偽記載があり、これが是正されないときは不適正意見を突きつけなければなりません。不正を見逃せばクライアントの担当者からその場は感謝されるかもしれませんが、それは絶対にしてはならない。「会社を潰す気ですか、見逃してください」と懇願されても、虚偽記載は絶対に是正させる。そこまで極端な場面でなくても、監査人がクライアントの意向に沿わない判断を下すことはよくあります。クライアントから決して安くはない報酬を頂戴しておきながら、クライアントの意向を退けることもある。クライアントを色眼鏡でみるということとはまったく違うのですが、常に「職業的懐疑心」を持ち続けなければならない。これは専らクライアントの利益のために尽くすという弁護士の立ち位置とはかなり異なります。監査人とクライアントとの関係は良好な場合がほとんどですが、潜在的には常に強い緊張関係にあるのです。

　そのようなわけで、監査というのは本来的にクライアントから感謝されにくい、より正確にいえば、感謝を実感しにくい仕事という面があります。先ほど「監査業務に従事して何年か経つとキャリア・パスについて考えるようになる」と言いましたが、その背景にあるのがこのアンビバレントな監査人

の立場です。監査人であり続けるためには、たとえクライアントと対立することになったとしても、正しいディスクロージャー（企業内容開示）を実現する覚悟がなければなりません。目の前の感謝を捨ててでも社会的使命を全うする。それが監査という仕事です。私はきっと短絡的なのでしょうね。次第に依頼者からわかりやすく感謝される仕事をしたいと思うようになりました。そう考えるようになった会計士の多くは、監査から転身してコンサルティングか税務のキャリアを選びます。

　ちょうどそのころ、私は所属する監査法人と提携関係にあったアメリカの会計事務所のセミナーに参加する機会を得ました。全米そして世界のメンバー・ファームから多くの会計士たちがシカゴにある研修施設にやってきます。そこで税務部門のパートナーのほとんどがロースクールの出身者で、公認会計士と弁護士のダブル・ライセンス・ホルダーであることを知ります。これは当時の日本ではほとんど考えられないことでしたが、それこそが世界標準でした。税制は企業会計と密接に結び付いています。わが国の税務は、今なお「税務会計」という会計的なアプローチが主流といってよいと思います。それは、書店に並ぶ税務関係の書籍をみれば明らかでしょう。一方で、当然のことながら、税務を支配する税法は法律です。世界、とくにアメリカでは"tax lawyer"（税務専門弁護士）という職業が定着していました。タックスローヤー。なんとエレガントな響きでしょう。ミーハーな私がこれに飛びつかない理由がありません。

5　公認会計士としてのスキル

　私は現在も公認会計士登録をしており、税務申告や決算業務など会計士としての仕事もいくつかしています。ですが、取扱分野の大部分は弁護士業務で占められています。この弁護士業務に関しても、会計士または監査人としてのキャリアは大いに役立っています。

　先ほど述べたとおり、私はもともと租税案件を取り扱う弁護士になりたいと思っていました。そのため、ロースクールや司法試験でも租税法を選択しました。ですが、実際に蓋を開けてみると、この10年来、裁判所や国税不服

審判所で争った租税事件（逋脱ないし国税犯則事件を含む）の経験はたかだか10件程度で、決して多くはありません。もちろん、個人も法人も経済活動を行う場合には必ず税金の問題を伴いますので、その範囲で税法を調査し、アドバイスすることは多々あります。

　広く会計との関連でいうと、たとえば、倒産や事業再生、事業承継に関する案件では、会計のスキルを駆使します。実際、イギリスなどでは、登録されている倒産実務家は、弁護士よりも会計士のほうが多いといわれています。私が弁護士になって入所した事務所が倒産事件を数多く手がけていたこともあって、倒産分野に関しては法律と会計がクロス・オーバーする多くの案件に関与してきました。倒産分野以外においても、たとえば、M&A に関する調査（デュー・デリジェンス）では買収ターゲット企業の法務面だけではなく財務面について調査することもあります。著名な不正会計事件の調査やそれらに関する訴訟も取り扱ってきました。また、現在ではある監査法人の外部役員にもなっています。

　留意していただきたいのは、ビジネス・ローの分野でなくても、弁護士業務には案外と「会計リテラシー」が求められるという点です。たとえば、損害賠償請求事件で原告企業が被った損害額を算定するという場合に、過去の決算書を分析して債務不履行と相当因果関係のある逸失利益の額を計算することは本当によくあることです。離婚に伴う財産分与に関して、夫婦が株主となっていた会社の企業価値を算定した経験もあります。交通事件で逸失利益の金額が争点となったときに、会計帳簿を分析して、当該事故によって毀損された労働対価の額を算定したこともあります。このように、離婚や交通事故など、一見すると会計とはまったく関係なさそうな領域でも、会計リテラシーを求められることがあるのです。

　この「会計リテラシー」とは、ひとことでいうと「複式簿記」と「発生主義」の考え方がわかることです。率直にいって、法曹（弁護士に限られないということです）にはまだまだこの考え方に理解が及んでいない人、つまり、「単式簿記」と「現金主義」の発想から抜けきれない人が多いといわざるを得ません。詳しくは述べませんが、「会計リテラシー」のない法曹が経済事件を取り扱うのは、やめてもらいたいなあとつくづく思います。議論がかみ

あわずに苦労した経験がしばしばあります。「公認会計士のスキル」という点を突き詰めてみても、結局はこの「複式簿記」の技術を使いこなすということなのです。ちなみに、会計士が複式簿記によって思考することは、弁護士が要件事実論（損害を賠償せよ、物を引き渡せといった法律効果が認められるために必要な法律要件に該当する事実［要件事実］が何かを探究すること）によって思考する姿に非常によく似ています（このことについては、公認会計士稲門会の会報第32号に寄稿していますので、関心がある方は WEB を検索してみてください）。みなさんも簡単でよいので、いつか必ず簿記の勉強をしてください。

6　監査人としてのマインド

　もうひとつ、監査法人での経験を通じて、今でも役立っているのが「監査人としてのマインド」です。監査では、「監査要点」と呼ばれるクライアント企業の主張（"assertion"）を「監査証拠」（"audit evidence"）によって検証していきます。監査人（会計士）は、数字というこの世で最も客観性の高いツールを取り扱っていますから、よく言われるように「数字は嘘をつかない。嘘をつくのは人間である」という思考にきわめて忠実です。一方で、法律家もまた主張（スジ）と証拠を取り扱っています。私は両者の捉え方には2つのアプローチがあると思っています。ひとつは客観性の高い証拠から主張（スジ）を組み立てる方法（いうならば "evidence-based approach"）、いまひとつは主張（スジ）を立てて証拠を読み解いていく方法（いうならば "story-driven approach"）です。実際には、両者を行き来しながら仮説と検証を繰り返し、主張と証拠を確定していくことになりますが、基本的に証拠裁判主義が前者をもって是としていることは明らかです。しかしながら、法曹のなかには、意識してかしないのか、後者のアプローチをねじ曲げている人が結構います。彼らのアプローチとは、要するに結論先にありきで、そのスジに沿って無理矢理に証拠を説明しようとする非科学的なやり方です。この方法では、あらゆる証拠を矛盾なく説明することができません。このため、スジに沿った証拠だけを顕出し、説明できない証拠は引用せずに無視する、そういうやり方です。この発想で書かれた法律文書をみると本当にガッカリします。説

得力がまったくないからです。監査法人では "evidence-based approach" を徹底的に仕込まれました。そのマインドは今も私のなかに根付いているのだと思います。

　それから先にも述べた「現場主義」です。会計士にはクライアントの経済活動の現場に出向いて仕事をする習慣が身に付いています。一方で、弁護士はクライアントに事務所まで来てもらうというスタイルが主流だと思います。もちろん、士業としての性格の違いということもありますが、私は今でもできる限りクライアントの会社まで出向くように心がけています。実際に現場に行かなければ得ることのできない情報というものは、案外とたくさんあるものです。これもまた「監査人としてのマインド」なのだと思います。

7　結びに代えて

　まだまだお話したいことは山のようにあるのですが、紙幅も尽きました。将来みなさんが公認会計士と仕事をする機会もあると思います。ぜひ彼らとスキルとマインドについて話してみてください。そして、会計リテラシーを身に付けた法律家になって活躍されることを祈念しています。

第5章
新たな領域で活躍する法曹

インハウスローヤーの魅力

株式会社アドバンテスト

松 岡 佐 知 子

1　経歴

　私は、司法修習修了後、2013年12月に、早稲田リーガルコモンズ法律事務所にアソシエイトとして加入しました。2015年4月から、任期付きで早稲田大学法務教育研究センターの助手として勤務することになり、法律事務所での弁護士業務と兼務していました。2018年4月からいわゆるインハウスローヤー（企業内弁護士）としてIT企業の法務部門に所属し、2020年2月からはメーカーのコンプライアンス部門・法務部門に所属しています。

2　法律事務所からインハウスローヤーに転職した理由

　2017年の秋頃、私は自分のキャリアについて考えていました。2018年の春に助手の任期が終わるので、その後はどうしようか、10年目の弁護士になった時自分はどんな姿になっていたいのだろうか、と改めて考えるタイミングだったのです。

　弁護士になった頃は、何でも相談できる「まちの弁護士さん」に憧れていましたので、どちらかといえばオールラウンダーになりたくて、だからこそ何でもできる事務所に所属し、楽しく活動していました。しかしふと、弁護士になってからの約4年間を思い返してみると、思った以上に企業法務が楽しく、もっとビジネスに関わりたい、と思っている自分がいたのです。

　そこで、もっとビジネスを身近に感じられて、もっと世界の広がりを感じられる（海外案件ができる）場所に行こうと思い、それが叶えられるのが、「イ

ンハウスローヤーになる」という選択肢だと考えました。

　もちろん、その頃私は、1歳の子どもと配偶者の3人暮らしでしたので、ワーク・ライフ・バランスを考える必要もありました。しかし、ワーク・ライフ・バランスを考えるとインハウスしかなかった、というわけではありません。個人事業主（労働時間を所属先の法律事務所等に管理されないタイプの働き方）であれば時間を自由に使えるので、時間的にはワーク・ライフ・バランスは取りやすいと思います。実際にそうしている友人たちもいますし、また時短勤務や残業なし勤務ができるという法律事務所の求人もありました。パートタイムでインハウスローヤーをしつつ残りの時間を個人事業主として事業に充てる、という仕事の仕方もありました。

　ただ、私は、完全にビジネスの中に（つまり会社の中に）飛び込んでみたかったのです。そこで、フルタイムのインハウスローヤーになることにしました。

　なお、さらなるグローバル環境を求めて、2020年に会社を移りました。現在の所属先では、全世界の子会社役員や法務担当者とコミュニケーションを取って業務を行うことが求められており、大変ですがとても充実しています。

3　法務部門での業務内容

　インハウスローヤーの業務内容は、それぞれの会社・組織やそれぞれのポジションによって異なります。法務部門の一般的な業務内容は、主に次のようなものです。

⑴　契約まわりの法務審査

　今のところ、法務部門の代表的な業務の一つです。会社が締結しようとしている契約書に法的リスクがないかチェックしたり、契約書案を作成したりしています。このとき、少なくとも、取引の基本となる民法や商法、会社法の知識は欠かせません。また、知的財産法の知識も必要です。

⑵　**法令審査**

　会社が実施しようとする新規事業やプロジェクトが法令上問題ないか、チェックしています。私の場合、個人情報保護法や景品表示法をよく扱いました。

⑶　**M&A その他のプロジェクト**

　会社が別の会社を買ってこよう（自分の会社に吸収する、または子会社にする）といういわゆる M&A 関係のプロジェクトでは、法務部門の参加が欠かせません。法律で、手続の方法や効力が決まっているからです。こういうプロジェクトが立ち上がる時には、法務担当者が必ず参加します。

　M&A の場合、部門横断的にプロジェクトメンバーが集まりますので、それぞれの専門知識を持ち寄って一つのプロジェクトに取り組んでいることが目に見えて、非常に刺激的です。

⑷　**社内研修**

　企業活動をするうえでは、法務部門だけが法律知識を持っているというのでは足りません。社員ひとりひとりの活動が会社としての活動になるので、全員が、少なくとも自分の業務に必要な法律の知識を持っていることが必要です。そこで、法務部門は、社内向けの研修を定期的に行います。

⑸　**法改正への対応**

　法律は時代にあわせて改正されていきます。法改正の情報をキャッチして、自社の業務に影響がある場合には適切に対応する、というのも法務担当者の業務になります。そのために、企業法務向けの雑誌を読んだり、研修に参加したりして、情報を収集しています。

⑹　**その他**

　株主総会、取締役会等の事務局を法務部門が担当する会社もあります。

4　コンプライアンス部門での業務内容

　私は、現在は主としてコンプライアンス部門に所属しています。

　法務部門とは独立してコンプライアンス部門がある場合、コンプライアンス部門に求められているのは、法律の解釈ではなく、会社（グループ）全体のコンプライアンス機能の司令塔となることです。ここでいうコンプライアンス機能というのは、会社が（社員ひとりひとりが）、法令だけでなく社内ルールや業界ルールを守り、投資家や社会から信頼され、その要請に応えられるようにすること、という意味です。いつ誰がどの仕事の担当になっても「行うべきことを行い、行うべきでないことを行わないように」できるような仕組みを整えておく必要があります。コンプライアンス部門には、そういう「仕組みを創り、機能させる」ことが求められます。

　たとえば、新しくできた法律のルールを遵守するための仕組みを創設するプロジェクト（社内手続を定めたり、新しく組織を発足させたり）や、すでにある仕組みをより機能させるための調査や研修を実施するプロジェクト（継続的に仕組みを機能させるためには、うるさいほど定期的に研修を行う必要があります）を行ったりします。

5　インハウスローヤーの魅力

⑴　チームメイトとしての弁護士

　私にとっては、所属する会社のビジネスを「自分事」に感じられることが一番の魅力です。

　たとえていうと、法律事務所の弁護士（外部弁護士）とインハウスローヤーには、部活動の顧問の先生とチームメイトのような違いがあると感じています。ちなみにここでいう部活動の顧問の先生というのは、箱根駅伝で優勝するようなチームの監督のイメージではなく、複数の学校の部活動顧問をしている専門家の先生のイメージです。

　外部弁護士に相談するのは、リスクが高い等の理由で外部弁護士に相談す

る必要がある、と会社が（法務担当者が）判断した案件だけです。また、外部弁護士が回答した後、会社がどういう対応を取ったかという結果について、報告しないこともしばしばです。つまり、顧問の先生のように、生徒が相談に来たら対応する（できる）けれども、その相談に乗ったことでチームにどう影響があったかを正確に知ることはできない、そんなイメージです。そのチームが試合で勝利をした時にはもちろん一緒に喜びますが、あくまでもチームメイトそのものにはなれない、そんな距離感のように思います。

　これに対して、インハウスローヤーを含む社内法務は、日常的な相談をすべて受け止め、また会社が意思決定をして契約を締結したり事業化したりするまでずっと付き添っています。会社としての意思決定をするまでの過程に、社内の他の専門家（会計、システム、営業など）と一緒に法務の専門家として参加し、密にコミュニケーションを取りながら意思決定をサポートすることになるので、チームとしての一体感を感じられます。そして自分が回答した内容が会社としての意思決定にどのように影響を与え、最終的に会社がどのようなビジネスを行ったかということを、近くで見ることができます。つまり、顧問の先生というよりも、他の人たちと一緒に一つのビジネスを作っているチームメイト、そんなポジションです。案件がうまくいけばチームの一員として喜ぶことができますし、達成感も大きいと感じます。私自身は、この当事者感や達成感が一番の魅力だと感じています。

(2)　法律が読める、以外の能力

　もう一つの大きな魅力は、法律的な能力だけでなく、日本語能力やプレゼン力、コミュニケーション力、課題発見力、企画力等の総合的な能力を発揮でき、それで会社に貢献できていると感じられることです。

　社内法務には、それこそ大量の相談が持ち込まれます。まずそれを法務が回答すべきものか否かに切り分けます。次に、法務が回答すべきもののうち、社内法務で回答すべきものか外部の専門家に相談すべきものかに切り分けます。これらを適切に切り分ける、つまり交通整理をすることで、会社としてのコストを最小限に抑えられることになります。

　交通整理の結果、一部の案件について外部の専門家に相談するわけです

が、ここが法務の（特にインハウスローヤーの）腕の見せ所です。法的にどの辺が問題になりそうかということを意識しながら、外部の専門家が検討しやすいように、必要な事実を整理して記載します。これによって、外部の専門家とのやり取りがスムーズに進みます。これはつまり、法務が、「ビジネスの文脈から法的な文脈に案件を翻訳する」という作業をしているのです。

　外部の専門家からの回答をふまえて、法務としての回答を事業部の担当者に戻す時も、翻訳をします。外部の専門家とのコミュニケーションでは法律的な専門用語を使いますが、それをそのまま事業部に伝えても、たいていの場合意味が通じないか、誤解されてしまいます（法律用語は日本語ですが、法的素養がないと正確には理解できない、専門性の高い言語だと思います）。そこで、法務は、「法的な専門用語をできるだけ使わず、しかしできるだけ正確に理解してもらえるように翻訳をする」という作業を行います。事業部の担当者から「よくわかった！」と言葉をかけてもらえるととてもうれしいですし、自分の能力や技術を活かすことができていると実感することができます。

　ときどき、特定の法分野に特化した、特に専門性の高い先生に相談することがあります。その場合でも、社内法務は翻訳作業を行わなければなりませんから、初めて見る法律の条文を読み、概要をつかみ、外部弁護士の回答の意味を法的に理解できるようにしなければなりません。難しく、最先端の話を扱うこともあるのですが、それまで知らなかった世界を見ることができます。そんな案件に、自分の法的素養と日本語能力、プレゼン力等で少しでも貢献できていると感じられるのが非常に刺激的ですし、やりがいを感じます。

　また、誰も相談しに来なくても、誰も問題にしていなくても、気になったところがあれば、自分から問題提起する力も求められます（特にコンプライアンス部門ではそうです）。

　コンプライアンス部門の場合、法律を含めた社会からの要請の内容を理解し、他部署とコミュニケーションを取りながら自社内の仕組みを整えていく力が求められます。私自身は、課題を発見して解決策を企画し、遂行する、というプロセスがもともと好きだったので、現在はその能力を活かすことができていると感じます。

このように、インハウスローヤーは「法律を知っている、読める、専門性が高い」だけではない能力をフル活用でき、また自分が会社に貢献できていることを実感しやすいという魅力があります。

6　ワーク・ライフ・バランスについて

日本弁護士連合会（以下「日弁連」と略します）が実施した企業内弁護士に関する調査[1]（以下「日弁連調査」といいます）によれば、企業内弁護士を選んだ理由（複数回答）として最も多いものが「ワーク・ライフ・バランスを確保したかったから」でした。67.3％のインハウスローヤーが、これが理由の一つであると言っています。

実際のところ、ワーク・ライフ・バランスが確保できるのかというと、これもやはり「会社や組織、ポジションによる」という答えになると思います。ただ、おそらくほとんどの法律事務所と異なるのは、多くの場合、インハウスローヤーになると雇用保険に加入することになる、という点でしょう。育児休業を取得でき、育児休業給付金を受け取ることができるという点は、これから子育てを考える若い世代には魅力の一つになると思います（介護もそうですね）。また、育児期間中は時短勤務ができたり、有給休暇を取得できたりという点も、子育て世代やワーク・ライフ・バランスを重視する人には魅力的でしょう。日弁連調査でも、ワーク・ライフ・バランスについて約8割が満足しているという結果になっています。

もっとも、現在は「時間を限定して働きたい」という弁護士の需要を吸収しようとする法律事務所も複数あるようですし、パートタイムのインハウスとして働きつつ個人事業主としていわゆる弁護士業もする、という選択肢もあります。

自分がやりたいことは何か、というところから考えて、自分に最適な選択肢を選ぶのがよいと思います。それだけ働き方の選択肢がある、というのは、この資格の大きな魅力の一つです。もし、あなたのやりたいことが、インハウスローヤーという選択肢で実現できるのであれば、ぜひこの進路を視野に入れてみてください。

7　これからのインハウスローヤー

　2020年6月時点で、企業内弁護士数は2,629人にのぼり、弁護士登録している人の6.2％にあたります[2]。まぁそんなものかな、と思われるでしょうか。企業内弁護士は、2001年には66人しかいませんでした。私がロースクールに入学した2008年にも266人。ロースクール1年目の授業では、インハウスローヤーという仕事があり、これから増えるだろうと説明を受けましたが、ピンときませんでした。

　しかし、今や2,000人台。間違いなくこれからもインハウスローヤーは増加するでしょう。

　ちなみに、契約書レビューをAIで（ある程度）代替しようとするサービスが始まっていて、これからどんどん精度が高まるだろうといわれています。判例検索などにもAIが入り、判例調査、文献調査などの仕事はどんどんなくなるだろうとも聞きます。こういった流れは、インハウスローヤーの価値を高めるものだと思います。契約書レビューやドラフトも大事ですが、もしAIで代替できるのであればそのほうがよいのです。人にしかできないクリエイティブな作業が、法務分野にはあります。法的素養がないとできない作業です。そちらに注力するほうが、会社や社会にとって、より高い価値を生み出せます。インハウスローヤーとして求められる業務は、これを読んでいる方が実務に出る頃には、全然違ったものになっているかもしれません。

　また、コンプライアンス部門において「弁護士である」ことの意味は、会社内で信頼してもらいやすい、という点にあるように思います。弁護士であるということで、誠実さや高潔さを信頼してもらいやすいのです（弁護士である以上、守るべき倫理規定もあります）。コンプライアンス部門は、グループ全体からみんなの心配事をかき集めてくる仕事ですが、信頼されていなければ心配事を話してもらえるはずもありません。そのため、信頼してもらいやすいということは、コンプライアンス部門が機能するために大きなアドバンテージなのです。これからは、法務部門だけではなく、コンプライアンス部門にも、専属の弁護士を配置する企業がどんどん増えると思います。

8　委員会活動

　最後に、少しわき道に逸れますが、私の取り組んでいる活動をご紹介できればと思います。

　私は、2015年から、日弁連の男女共同参画推進本部に参加しています。その中で特に私が関わっているのは、女性法曹をもっと増やそう、という活動です。

　なんでそんな活動が必要なの？男性だって女性の代理人はできるよ、というご質問もよくいただきます。別に女性の代理人は女性でないとできないとか、女性でないと女性の気持ちはわからないとか、そういうことを言いたいわけではありません。ただ、少なくとも今の日本では、実際のところ、生物学的または社会的な性別によって、社会で（もちろん学生時代から）異なる扱いを受け、現実に直面する問題が異なるということが多いのです。そうすると、ただ「女性」であるというだけで、否応なく「男性」とは異なったバックグラウンドを持つことになります。社会がそういう異なるバックグラウンドの人たちでできている以上、司法という権力を担う法曹界も同じように異なるバックグラウンドの人たちがいるべきではないのか、それでこそ社会の多様な事象、価値観を司法という権力にも反映できるのではないのか、と私は考えています。

　もちろん、これは「女性」に限ったことではありません。もっと他のマイノリティなバックグラウンドについても同じだと思います。ただ、人口の約50％を占めている「女性」という属性でさえ、法曹界ではまだ25％にも達していません（2019年時点で、裁判官の女性割合は26.7％、検察官は25.0％、弁護士は18.8％です[3]）。まずは「女性」が増えることが、法曹界の多様性を広げる突破口になるのではないか、と考えています。

　裁判官や検察官の女性割合は増えてきています。弁護士会でも、いろいろな施策を始めています。少しずつ、少しずつ、今までよりも女性にとって（それはつまり男性にとっても）働きやすい環境になってきています。

　弁護士というのは、インハウスローヤーになることも含めて、非常に選択

肢の広い、魅力的な資格です。ぜひ、みなさんの進路の選択肢に加えていた
だければ、本当にうれしいです。

注

1　日本弁護士連合会「第2回『企業内弁護士キャリアパス調査』」（こちらのウェブサ
　　イトからダウンロードできます）https://www.nichibenren.or.jp/legal_info/legal_
　　apprentice/inhouse/material.html

2　日本組織内弁護士協会「企業内弁護士数の推移」（こちらのウェブサイトからダウ
　　ンロードできます）https://jila.jp/material/statistics

3　日本弁護士連合会「弁護士白書2019年版」裁判官数・検察官数・弁護士数の推移
　　（こちらのウェブサイトからダウンロードできます）https://www.nichibenren.or.
　　jp/document/statistics/fundamental_statistics2019.html

多様化とグローバル化に挑戦する
インハウスローヤー

谷 川 原 淑 恵

1　はじめに

　私は、2011年3月に早稲田大学ロースクール既修者コースを修了し、2012年12月に弁護士登録後、2013年1月にエーザイ株式会社に入社しました。入社後2年半は同社の法務部で企業内弁護士として勤務し、2015年9月から約半年間は中期計画編成部にて同社の10年間の中期計画策定に携わる機会がありました。その後、2016年6月からは同社米国子会社へ出向し、米国子会社法務部にて事業提携や事業売却などの事業取引の法務を中心に担当しました。2019年7月からは、University of Pennsylvania Law School（LL.M.）へ留学し、修了後再び米国子会社法務部での勤務を経て、現在同社本社法務部に戻りグローバルな案件を中心に取り組んでいます。

2　インハウスローヤーという選択

　「どうして弁護士なのに会社に入ったのですか？」——私が働き始めてから一番よく聞かれた質問です。それだけ、特に私が働き始めた頃はまだ企業の中の法務部等に入りインハウスローヤー（組織内弁護士）として法曹のキャリアをスタートさせることが比較的珍しかったようでした。もっとも、明らかに今後大きく伸びるフィールドである兆しはありましたが、当時の既存の企業内弁護士のほとんどが大規模法律事務所で経験を積んだ後に管理職の立場で企業に入るというルートだったため、初めからインハウスローヤーとしてキャリアをスタートさせることには懐疑的な見方も少なくありませんでし

た。では、なぜ私は初めからインハウスローヤーになることを選んだのか。そこに挑戦する魅力に気づかせてくれたのは、ロースクール修了後から司法修習が開始するまでの間に出会った法曹の先輩方や企業の法務部門で働く方々でした。私は、ロースクール修了後、先輩弁護士たちとのネットワーキングの場にとにかく足を運び、そこで作ったコネクションやロースクールでお世話になった教授の助けを借りたりしながら、さまざまな分野の勉強会に参加したり、先輩弁護士に話を聞きに行ってまわりました。こうした情報収集を通じて、刺激的で多様なグローバルなビジネス法務に強い関心を抱くとともに、日本企業には組織内に弁護士がもっと入ることにより、法務を戦略的に活用し企業の健全性を高めながら競争力を強化していくはかり知れないポテンシャルがあると感じました。また、クライアント側である日本企業内の法務のレベル向上にインハウスローヤーが貢献することにより、日本の法律事務所側も自然とますます質の高いサービスが求められることになり、ひいては日本の弁護士業界全体の競争力と質の向上という好循環が作れるのではないかと考えるようになりました。また、日本社会全体として法律家に相談することへの敷居が高い雰囲気を変えたいと思っていた私は、ビジネス法務の場でも、できる限りビジネス部門に身近な存在で、チームの一員として法的支援を提供できるインハウスローヤーという立場に非常に魅力を感じました。こうして私はだんだんとインハウスローヤーというキャリアに焦点を合わせるようになりました。

　加えて、何か人と違うことをやってみたいという根本的な私の性格と、司法制度改革によって環境が変化していた当時の法曹業界を取り巻く背景が私の選択を後押ししたと思います。私は子どもの頃から王道の優等生を目指すタイプというより、まだみんなが気づいていないことや誰かがやっていないユニークなことを探して自分らしさみたいなものを表現することに喜びを感じるタイプでした。普段からそんな発想をしている私にとって、当時まだ新鮮だった企業内弁護士という選択に興味を惹かれたのは自然なことだったのかもしれません。また、私が就職活動を行っていた2011年当時、法曹人口の増加により従来の法律事務所が飽和しつつあり、世間では弁護士の就職難だと騒がれていました。他方で私は法曹人口が飽和しているとは見ていなかっ

たため、自分の置かれた状況を悲観的に捉えてはいませんでした。私は弁護士の仕事を従来の伝統的な弁護士が担っていた業務に限定して定義するべきではなく、もっと広く潜在的ニーズを含めて見るべきだと考えていました。そうやって広い視野で見ると、ニーズは必ずあります。特に今まで弁護士が入っていかなかった分野に必ず法曹が役に立てることがあり、こちらの価値を示すことさえできればどんどん需要は拡大していく、そう信じていました。また既存の企業内弁護士として活躍して成功している先輩と同じルートをたどらなければインハウスローヤーとして成功しないわけではないとも考えていました。そのため、当時弁護士の数を減らすべきという多数意見へのアンチテーゼを提唱する意味でも、自分の考えを証明するためにも、私は率先して新しい法曹のキャリアパスを開拓していこうと決めました。

　"開拓"というとおおげさですが、就職活動の時点からこの挑戦が始まりました。潜在的ニーズは、認知された"ポジション"として用意されているわけではありません。たとえば、私の関心事であったヘルスケア業界の企業内弁護士に焦点を絞ると、公募が出ているものはほんの2～3件。しかし、目に見えている"ポジション"を単純に数の増えた弁護士で椅子取りゲームをするから就職難に見えるのであって、むしろまだ気づいていない人たちに、弁護士の活用方法を売り込むチャンスだと思いました。そこで、企業内弁護士の募集が出ていない会社にも、一般の新卒採用のルートから応募をしたり、コネクションをたどってアプローチしてみたりと、とにかくみずから積極的に行動しました。中には最初はまったく採用する意思のなかった企業から、企業内弁護士の意義について話をするうちに正式な人事面接のオファーをいただけたこともありました。そんなときは自分の考えに共感してくれる人がいるのだと自信につながりましたし、何より前向きにアクションを起こしていれば道が拓けることもあるのだと勇気付けられもしました。そんなちょっと特殊な就職活動を経て最終的に現職の会社に最も惹かれ、ご縁もあり、いよいよインハウスローヤーとして働き始めることになります。

3　インハウスローヤーの面白さ

(1)　社外弁護士との比較

　インハウスローヤーとして働く面白さは、何よりビジネスが実際に起こる現場に近いところで、発端から最後まで携われることだと思います。外部弁護士であれば、依頼者から相談が来たときにしか関与できませんし、ある意味ピンポイントでの法的サポートになりがちです。またあくまでもコンサルタントとして意思決定者に提案する立場なので一定の距離のある関わり方になります。他方でインハウスローヤーは、会社の組織の一員という当事者としての性格と、ビジネス部門の意思決定者に対するアドバイザーという性格を併せ持つものです。組織の中にいる分、法務戦略を練るうえでもより多くの必要な情報を自分から収集することができますし、社内の依頼者の率直な悩みやニーズを汲み取ることもできます。また、それに対して提供した自分の法的助言がどういう帰結をたどるのかを見ることもできます。議論の動向に合わせて早い段階からリスクをキャッチしたり、事業部門に合わせて最良の法的な仕組みや戦略を提案したり、仕事をしているうえでまさに事業部門と二人三脚で継続的に法的側面からビジネスを推し進めていく実感があることが醍醐味です。たとえば、私自身はサイエンティストではないので難病の解明を行ったり新薬の開発を行ったりすることはできませんが、社内の事業部門が世界中の研究機関や他社と提携して新たな治療薬の開発をする際に、契約の交渉や締結の業務を通じて、世界のヘルスケアの向上のために自分もチームの一員として貢献できることに大きなやりがいを感じます。また、意思決定にも深く関与することができます。これは裏を返せば、ときには重い責任や重圧がのしかかってくるとも言えます。すなわち、社外弁護士であれば、自分が提供した法的アドバイスに依頼者が従うかどうかは結局依頼者の問題です。しかし、インハウスローヤーの場合は自分が当事者の立場でもあるので、そういうわけにはいきません。事業部門の取ろうとする選択が最適ではないと考えるときには、ハイレベルの意思決定者と対話をして説得することも必要になってきます。その際、単なる法的リスクの指摘と助言にとど

まらず、相手に実際に納得してその方向へ舵を切ってもらうところまで確保するために、伝え方を工夫したり普段から信頼関係を構築しておくことも重要になります。こうした専門性、部門や世代を超えたコミュニケーションを苦と思わずに楽しめて、法務としての自分の専門性をチームの中で発揮していきたいと考える方には、インハウスローヤーはとてもやりがいを感じられる仕事だと思います。

⑵ 「それはビジネスマターです」

　これは仕事上私が最も使わないようにしている言葉の一つです。もちろん事業部門が、ここは法務部門には文句を言わせない！自分たちで決めさせてもらう、という姿勢のときはそれが法律的に問題ない以上事業部門の意向を尊重します。しかし、事業部門は意思決定をする際に多くの質のいい材料を求めています。彼らが疑問を感じてありとあらゆる側面で法務部門に相談してくる限り、私は決して突き放すようなことはしないよう心掛けています。それがリーガルマターなのかどうかと考えだすと、ほとんどすべてのものは究極的にはビジネスジャッジによるものと整理できてしまいます。ローヤーは、純粋に法務のことのみしかアドバイスしないし関与しないというのでは、自分で自分のフィールドを狭めていて面白くなくなってしまうでしょう。もちろん、コンプライアンス事案や訴訟戦略などを除き、多くの場合は最終的な意思決定は事業部門に委ねるしかありません。しかし、事業部門がその最終的な意思決定に至るときまで、さまざまな法的規制や複雑な法律関係を俯瞰して、最良のオプションを一緒に考え提案し、事業部門の達成したいゴールに向かってナビゲートしていくことがインハウスローヤーの役割でありやりがいでもあると思います。これはまさに言うは易く行うは難しで、インハウスローヤーならではの難しい局面に立たされることが多々あります。これはビジネスの問題だから、と逃げてしまうほうが簡単なのです。しかし事業部門が困っている難しい局面でこそ、逃げずに最後まで一緒に戦うことで事業部門との信頼関係が築けるのだと思います。

4　"法務"から飛び出す経験

　入社してから 2 年半が経った時、私は法務の仕事が面白くてたまらない状態でした。自分に任される仕事も増え、社内で事業部門との信頼関係も築けていて、このまま次から次へとプロジェクトを経験したいという意欲に燃えていました。そんな折、突如の辞令。翌年から10年間の全社の中期事業計画を策定するために立ち上がった CEO 直轄部署への異動でした。正直なところ、私に務まるのだろうかという大きなプレッシャーと、法務という自分の専門領域から飛び出す不安に押し潰されそうになりました。

　そんなまさに青天の霹靂としてビジネス部門への異動となったのですが、そこでは想像を超えるたくさんの学びがありました。今まで、インハウスローヤーである以上、ビジネスについてある程度理解をしている自負がありましたが、実際ビジネスの現場に行ってみると、そこには一段深い別世界が広がっていました。どのようなスピード感でビジネスジャッジが行われているのか、どういう状況の時に法務に相談が来るのか、現場でどのように法務のアドバイスが受け取られているかなどを自分が依頼者側の立場で見て経験することができたのです。この経験を通じて、自分がインハウスローヤーとしてどうビジネス部門と関わっていくべきか、ニーズに応えたリーガルサービスを提供できていたかを見直す絶好の機会となりました。また法務部門とビジネス部門の連携をさらに強めることでより戦略的な法務を実現することや、インハウスだからこそできる貢献の可能性の広がりもより強く感じることができました。結果として、"法務"の外に出たことで、今まで見えていなかったものが見え、この半年間の経験は、自分がインハウスローヤーとして仕事をするうえで成長する大きな糧となりました。

5　国内から飛び出す経験——米国駐在と LL.M. 留学——

⑴　ゼロからの再スタートと避けては通れない言語の壁
　みなさんは海外駐在というと華やかな世界を想像されるかもしれません。

　私も米国赴任が決まったときは気持ちが高揚しワクワクしたのを今でも鮮明に覚えています。しかし現実はやはり甘いものではありません。赴任後すぐはアメリカ社会の洗礼を受け、まさにトラブル続きのジェットコースターのような日々。実際に米国に来るまでは具体的に想像すらできなかった困難や苦悩にも直面しながら、ダイナミックで多様な文化に刺激を受けて揉まれる日々を積み重ね、約4年半の在米経験により自分自身かなりたくましく変化した気がします。

　私の赴任した米国子会社のリーガルチームは、アメリカ人の General Counsel により統括され、約20名のアメリカ人ローヤーによって構成されています。私は、法務の中の Transaction を中心に担当するチームで、NY 州弁護士の Assistant General Counsel にレポートするポジションに入りました。上司にとって私は初めて持つアメリカ人以外の部下。私がいくら多少国際案件をやっていたとはいえ、米国で案件を任せられるのか、彼にとっても未知数だったでしょう。そのため、赴任直後はまさに入社1年目に戻ったかのようにゼロからの再スタートでした。

　日本で短いながらも法務部で経験を積み、仕事を回せるようになってきた自負のあった自分は、なかなか米国のメインの実務に入り込んでいけない状況に焦りを感じていました。何より辛かったのは、同じ難易度の仕事でも、クライアントとのコミュニケーションも成果物もすべてが英語となると3倍以上の時間がかかってしまっていたことです。議論もテンポが早く、会議で取り残されてしまう空しい時間もありました。せっかく手にした米国赴任期間中、1分1秒でも惜しんで経験を積み学びたいと思っていたのに、このままでは多くを吸収できずに帰国することになってしまう、そんな危機感を覚えた私は、真っ先に英語でのコミュニケーション力強化に取り組みました。特に重視したのは、知識よりも、英語を話すことへの心理的ハードルへの対策です。たとえば、会議では恥をかくのを恐れて黙ってしばらく議論の様子を聞くという態度に出がちでした。またわからないことがあっても、自分のために会話を止めて教えてもらう時間を割くのが申し訳ないと思いつい聞くのを遠慮していました。しかし、もはや遠慮している余裕などなくなった私は、ある意味図々しくなることに決めました。自分をよく見せたいという欲

も捨てるように努めました。わからないことは素直に聞き、その場で1人私だけが置いてきぼりにされるという状況を作らないようにしました。ただ、語学というものは一朝一夕で上達するものではなく、自分なりに努力しているつもりでも上達を自覚することは難しかったです。しかし3年もトレーニングを続けていると、いつからか英語の環境にストレスを感じなくなっていました。

　また、海外駐在だからといって華やかな仕事が降ってくるものではありません。米国に来て大きく成長したい！と意気込んでいた私は当初自分の理想と現実のギャップに苦しむこともありました。しかし米国の事業部門との関係性もゼロからの私には当然のことで、本社から来たからといって誰も信頼してくれるわけではないのです。基本的な仕事をできる限り早く正確にこなし、チャンスを見つけては上司に次のステップの仕事に取り組みたいとアピールする。まだ数が少ないクライアントだからこそ一つ一つきめ細やかに対応できるし、小さな積み重ねで信頼関係を丁寧に作っていく。焦りや理想像はいったん横に置き、日本で一度経験した地道なステップを、もう一度初心に帰って一歩ずつ取り組みました。また駐在員だからこそ存在感を発揮できる領域もあります。たとえば自分が入ることにより日米連携の効率性を上げたり業務フローを改善できそうなプロジェクトを見つけては、みずから進んで参加を申し出るように努めました。そうしてコツコツやっていくうちに、いつしか米国でもチームの一員として認められ、頼られて、感謝されることが増えるようになっていきました。最終的に私が米国赴任を終えて帰任する際、何よりもうれしかったのは、よく仕事をした事業部門の同僚たちから、米国子会社にとって私の帰任はとても大きなロスだと心から惜しみ、私のこれまでの仕事を改めて高く評価する温かいメッセージをもらえたことです。初めてアメリカ本土に上陸し、右も左もわからない状態から始めた5年前には想像もできなかった同僚からの感謝の言葉に、米国で過ごした時間の重みを感じました。

(2)　弁護士がグローバルな領域に挑戦する意義
　世の中では社会の国際化・多様化に伴い、グローバル人材が求められてお

り、法務の世界も例外ではありません。しかし当然法律や制度はその国や地域ごとに合わせて作られてそれぞれ異なっています。ある意味、法律学とは本来ドメスティックな学問なのです。また、弁護士の業務は言語が中心ですので、弁護士が国際的な場面で活躍しようとすることは特に根本的に別の言語を母語とする日本人にとって決して簡単なことではありません。そんなハードルを乗り越えてまで海外留学や海外での実務経験を積むことは日本の法曹にとってどんな意義があるのでしょうか。そして求められているグローバルな人材とはどういう人なのでしょうか。これらの疑問に対する答えはさまざまあると思いますが、私は海外経験を積む意義は多様性への理解と比較の視点を養えることだと考えています。同じものに対する規制を取り上げてみても、それぞれの国の政治体制、文化、宗教、歴史などをベースとして世界には多様な考え方が溢れています。在米中に学んだものの中には、私が日本で学生生活を送っていたときにはまったく思いも至らなかった視点もありました。自分の受けた教育や自国の制度だけがすべてではなく、世の中には私たちの知らない概念や多様な考え方があるということを認識するだけでも、グローバル化の大きな一歩です。さらに、日本法だけではなく別の国の法制度を学ぶことで、比較の視点も獲得できます。比較の視点を持って違いを学ぶことでその法制度の背景となる考え方をより深く理解し、柔軟で多様な考え方を培うことができます。こうした多様性への理解はグローバルなビジネス法務では非常に重要です。たとえば自国とまったく異なる法制度や文化を持つ相手と交渉する際でも、相手の根本にある法的な考え方や社会・文化的背景を理解することで、相手の懸念点や重視する点について一定の理解と共感を示すことができます。お互いに win-win な関係性を築くための契約交渉でこうした相手への理解は欠かせない視点です。

　また、日本をグローバルな視点から客観的に見ることでさまざまな発見もあります。一例を挙げますと、私は米国で仕事をするようになってから日本人は必要以上に謝りすぎではないかと感じるようになりました。たしかに、日本では事をスムーズに運ぶために、ときには表面的であったとしても「申し訳ございませんが」を無意識に多用していたように思います。"Don't apologize." "Be confident." この 2 つは米国に来た当初上司からしょっちゅう

言われた言葉です。つい日本語の調子で謝ると、上司は、あなたが何かミス
をした結果なのか？これはあなたのせいではないでしょう、あなたは精一杯
力を尽くしているんだから自分を責める必要はない、と言うのです。米国に
来てから、当然それぞれが自分の仕事をしっかり尽くしていることが前提と
なっており、謝罪の言葉は軽々しく使うものではないのかもしれないと感じ
るようになりました。もちろん調和と協調性を大切にする日本の文化も素晴
らしいものですが、他方でグローバルな場で対応する際には他国の人が持つ
言葉の重みの違いについては頭の片隅に置いておく必要があると感じまし
た。日本でうまくいくやり方を他国の人相手に通そうとしてもうまくいかな
い場合もありますし、自分にとっての常識が相手にとってはそうではないこ
とを知って行動する視点を持っていなければ、本来意図していたことと違う
形で相手に伝わってしまうこともあります。海外というアウェイな場で学ん
だり実務をしたり生活したりすることで、こうした日本的な枠にとらわれた
概念から解放されて柔軟かつ多様な考え方を養うことができたと感じます。

6　学生のみなさんへ

　学生のうちは無色透明な存在で、さまざまな場に顔を出していろんな人か
ら教えてもらえる立場です。この期間を大いに活用しいろんな人に会って話
を聞いてみてください。自分に今見えているものだけがすべての選択肢とは
限りません。いろいろ動き回って社会を見てみると思ってもいなかったよう
な興味深い仕事や新たな活躍のフィールドを見つけることができるかもしれ
ません。また今ある姿だけが法曹の姿としてしまったら、日本の法曹界はみ
ずからの首を絞めて法曹の活躍の場を狭めてしまうでしょう。そのため、も
しみなさんが自分が惹かれるものを見つけた時には、たとえ先例がなくても
自分を信じてチャレンジしてみてください。

　また、グローバルな領域に興味を持っているのであれば恐れず挑戦してみ
てください。何を隠そう私は学生時代一貫して英語が大の苦手でした。大学
でもとりあえず出席さえすれば単位がもらえると評判の先生の授業を取って
なんとかしのいでいたほどでした（そんな自分がこうして学生のみなさんにメッ

セージを伝えさせていただけるなんて本当にありがたいことですし、自分では少し可笑しく感じられます）。こんな私ですら、国際的なビジネス法務に興味を抱いて、苦手な英語にも社会人になってから一から取り組み、米国ロースクール留学も経験できたのですから、みなさんも挑戦する気持ちがあれば必ずできます。また、実際に経験してみて初めて価値や意義に気が付くこともあります。興味はあるけど迷っている、という場合はまずは行動してみるというのもよいかもしれません。また、学生のうちに短期留学などで海外で勉強できる機会があれば、ぜひ挑戦されることをお勧めします。

　キャリアをスタートさせた後、ある部分では深掘りしていかなければならないものですが、決して視野が狭くならないようにしていただきたいと思います。私は、ある意味いろんなところで枠から外れる選択をしてきました。そうすると、今までの自分の考えを見直したり、これまで見えていなかった視点をまた新たに発見したりすることができます。こうした経験は私自身、広い視野や柔軟性を養っていくうえで非常に役立っていると思います。特に海外での経験はキャリアだけでなく人格的にも幅を広げ成長させる機会になりました。

　王道のキャリアパスから外れることはリスクも伴うものかもしれませんが、むしろユニークな経験は他の人が得がたいものを得られるチャンスでもあり、将来の強みにつながっていくものだと思います。キャリアの築き方は人それぞれで、目指すゴールが一緒でもたどり着く方法は一つではありません。みなさんも、訪れたチャンスを生かして自分なりのユニークなキャリアを築いていってください。

公正取引委員会での
これまでとこれから

在アメリカ合衆国日本国大使館一等書記官

池澤大輔

1　はじめに

　公正取引委員会（以下「公取委」といいます）に就職して、あっという間に10年以上が経ちました。私が公取委に就職する予定だという話を周りにしたとき、ほぼ例外なく、「なぜ司法修習に行かないのか」と尋ねられ、「弁護士になったほうがよいのではないのか」という趣旨のアドバイスを随分多くもらったように記憶しています。私がロースクールを卒業した2008年当時、司法試験に合格しながら司法修習に行かないという選択をすることは非常に珍しく、また、ロースクールを卒業して国家公務員になるという選択をする例も多くはありませんでした。そのため、周囲には、私の決断が唐突に映ったようです。

　現在では、ロースクールを卒業して、国家公務員になる方々も増えました（公取委で活躍する後輩にも、ロースクール卒業生が数多くいます）。私のようなキャリアパスが、今では珍しくなくなったことをうれしく思っています。この文章をお読みいただいた方が、少しでも国家公務員、公取委に興味を持っていただければ幸いです（なお、文中意見にわたる部分は、筆者の個人的なものであって、筆者が所属する組織を代表するものではありませんので、念のため申し添えます）。

2　約10年前の選択

　なぜ公取委を職場として選んだかと聞かれたとき、その理由をシンプルに説明することは簡単ではありません。もともとは、弁護士を志望してロース

クールに入学しており、公取委で働くことを目指して日々を過ごしていたかというと、そうではなかったからです。いろいろなめぐり合わせやタイミングが重層的に作用した結果だったというのが端的な答えになりますが、それを自分なりにもう少し整理すると、主に以下の点が自分の選択に大きく影響を与えていたように思います。

(1)　経済的自由への関心

　この文章をお読みのみなさんの多くは、憲法を勉強したことがあるか、あるいは、これから憲法を勉強される方々であろうと思います。憲法の授業で必ず取り扱われる基本的なトピックの一つに、「二重の基準論」というものがあります。具体的には、精神的自由（たとえば、表現の自由）に対する制約は、裁判所において経済的自由（たとえば、職業選択の自由や営業の自由）に対する制約よりも厳しく審査されるべき（精神的自由は経済的自由と比較してより手厚く保護されるべき）であるという考え方です。精神的自由は、民主政において不可欠のものであり、一度毀損されると回復しがたい性質のものであるというのがその理由です。

　私は、学部の授業でこの考え方を初めて聞いたとき、心のうちに何か引っ掛かりを感じたことを今でも覚えています。経済的自由は、精神的自由と比較して、本当に軽いものなのだろうか、と。各人が経済的自由を追求することによって、個人レベルでみれば自己の抱く価値観の実現を図ることができるし、社会レベルでみれば経済の発展を通じて、人々がより豊かになり、一層の社会参加が可能となる。経済的自由は、むしろ精神的自由のベースなのではないか。初学者の未熟な疑問といわれればそれまでなのですが、二重の基準に関する議論と自分の実感にどこかずれがあるということが、妙に頭に残ったのでした。

　その後、ロースクールに進んで、司法試験の選択科目を決める際、このときの心の引っ掛かりが頭をもたげました。経済的自由というものをもう少し真面目に考えてみたい。それが、独占禁止法の本を手に取ったきっかけです。学部生のときに抱いた心の中の引っ掛かりが、今につながる一つの出発点でした。

(2)　ルールを作る側に

ロースクールで勉強していた頃、最も頭を悩ませたことの一つが、いわゆる「立法論」という考え方でした。法律書を読んでいると頻繁に出てくる（少なくとも私が勉強していた当時はよく出てきていた）立法論とは、事案について望ましい結論が存在するものの、条文の文言の枠内で法律を解釈・適用する限り、そのような結論を導くことは困難であるため、立法による解決を待つほかない、というものです。

法律学が解釈学であることは認識していましたが、このような議論に触れるたびに、条文を変えるという話をしたっていいのでは、と素朴に感じていました。不完全な条文を前提に依頼者と向き合おうとしたとき、依頼者は納得できるものなのだろうか。そのような思いがぬぐえませんでした。

そんな中で、徐々に、ルールに対してより主体的に関与する存在としての行政を意識するようになりました。無論、行政も法律というルールにしたがって動くことは当然ですが、その中で不都合を発見すれば、ルール自体を修正するイニシアチブを取ることができる。私には、それがとても新鮮に思えたのです。

奇しくも、私が勉強を始めた頃、独占禁止法は、課徴金減免制度（事業者がみずから関与したカルテル・談合について、その違反内容を公取委に自主的に報告した場合、課徴金が免除・減額されるもの）という、わが国としては非常に新しい制度を取り入れるなど、大きな変革のときを迎えていました。さまざまなアイディアや研究の成果も取り入れながら、物事の枠組み自体を変え、不都合を主体的に修正していくことができる。そのダイナミックな過程は、自分の好奇心を強く刺激するものでもありました。個別の利益を守る弁護士の仕事の必要性・重要性を認識しつつも、ルールの策定・修正を通じて人の役に立つ仕事ができたら面白いのではないか。徐々にそう思うようになりました。

3　公正取引委員会での経験

(1)　これまでのキャリアパス

ア　国際舞台での初仕事（3～4年目）

　公取委に入局して3年目の夏、国際課という部署に配属になりました。国際課は、その名のとおり、公取委における国際的な業務を扱うところです。私は、経済協力開発機構（OECD）の担当官に任ぜられました。御存知のとおり、OECDは、先進国が集まって、さまざまな政策課題を議論する場です。私の仕事は、競争法（わが国では独占禁止法や経済法と呼ばれる法分野は、国際的には競争法と呼称されることが多くなってきています）及び競争政策を所管する競争委員会において、OECD事務局が提示する論点について、日本の取り組みを紹介し議論に参加することで、日本のプレゼンスを高めるとともに、国際的な課題の解決に貢献することでした。

　当時、私の英語力は十分でなく、英語を聞いたり、まして話したりすることについては、本当にどうにもならないという具合でしたが、上司の勧めもあって、パリで開催される本会合の場で日本の政策に関する質疑応答に対応するという経験をしました。会合の運営は競争委員会の議長が行うのですが、もうこのセッションも終わりかな…と思い始めていたところに、突然議長から「日本の提出した文書について質問したい」との発言があり、頭が真っ白になりました。半ばパニックになりながらもその日のためにいろいろと準備をしておいた資料を組み合わせて回答（ほぼ棒読み）したところ、幸いにも何とか理解してもらえたようで、それ以上のやり取りはありませんでしたが、各国当局のシニアの幹部がずらりと居並ぶ中で英語によるやり取りを行ったことは、今思い出しても、冷汗ものです。

　ですが、このような経験は、自分に対してちょっとした自信を与えてくれただけでなく、国際業務に対する関心が高まり、その後のアメリカ留学（人事院の制度により、ミシガン大学、ジョージタウン大学の各ロースクールに派遣されました）につながったという意味でも重要でした。

イ　競争政策の最前線で（7年目）

　2年間の留学を終えて帰国した後に配属されたのが、経済取引局調整課という部署です。公的な機関は、政策目的の達成のために、事業者が守るべきルールを整備し、また事業者に対して行政指導等を通じて働きかけを行っています。調整課は、このような公的な機関の活動が市場における競争をゆがめていないかどうかをチェックし、もしその活動が競争をゆがめ得るものであれば、当該機関に働きかけ、競争への影響が取り除かれるように調整することを主たる仕事としています。また、すでに規制の下にある市場での競争がうまく機能しているかを調査し、課題があれば、その課題の解決のためにどのような取り組み・工夫が必要かを提言することも重要な業務です。

　私が着任したときには、電力の自由化や電気通信業界の変化をふまえた各種ガイドラインの改正、独占禁止法を適用除外とする規制のフォローアップ、介護市場の実態調査など、たくさんの課題がありました。その中でも特に印象的であったのは、公的再生支援に関するガイドラインの策定でした。「公的再生支援」とは、より具体的にいえば、政府の出資する法人が、破綻の危機に瀕した事業者に対して、事業の継続を可能とするために行う事業再生支援のことです。過去、航空業界の特定企業に対して行われた公的な事業再生支援が市場における競争をゆがめたのではないか、という問題意識を背景として、従前独占禁止法では想定されていなかった論点について、公取委として考え方を整理し、ガイドラインを策定することになりました。その中で、どういう文言を用いてどのような枠組みを採用すれば有効なガイドラインとなるか、関係議員への説明をどのように行っていくかなど、政策立案の過程を経験することができ、非常に勉強になりました。

　この時に取り組んだ仕事は、いずれも当時の最先端の問題意識に基づくものであり、社会的なインパクトの大きさも含めて、まさに競争政策の最前線に立って仕事をしていた時期であったと思います。

ウ　重要課題と向き合う日々（10年目）

　2年間の内閣官房行政改革推進本部事務局への出向を経て、審査局管理企画課審査企画官付に配属になりました。独占禁止法に関する審査手続（違反行為を摘発し違反行為を立証するための証拠を収集する手続）を効率かつ適正に運営

するために、現行のルールの解釈や今後の制度について検討を行うことが、この部署のミッションになります。

　2019年に行われた直近の独占禁止法改正では、公取委の調査に協力するインセンティブを一層高めるために、課徴金減免制度について、事業者の実態解明への協力度合いに応じた減算率を付加する制度の導入等が行われましたが、この改正に併せて、新たに判別手続と呼ばれる制度が導入されました。この制度は、いわゆる弁護士・依頼者間秘匿特権（弁護士と依頼者との間のやりとりに関する秘密の保護）への対応として、新たな課徴金減免制度をより機能させるとともに、外部の弁護士との相談に係る法的意見等についての秘密を実質的に保護するために、公取委が事業者から収集した物件のうち、一定の要件を満たすものについては還付するというものです。この判別手続の立案への参画が、当時の私の最大の仕事でした。

　弁護士・依頼者間秘匿特権について、欧米ではどのような制度の設計・運用が行われているか調査を行うとともに、新しい制度が公取委の審査手続にどのような影響を与え得るのか、どのような制度が望ましいのかについて、内部で繰り返し議論を行いました。判別手続は、わが国において類例のない新しい制度であり、また、公取委の今後の実務に大きく影響を与えるものであったことから、検討の過程は、非常に困難かつタフなものとなりました。寝ても覚めても新制度のことを考え続け、苦しいことも多くありましたが、制度を一から設計するに当たっては、議論の進め方が、議論の実質的な中身を詰めることと同じくらい重要であることを学ぶなど、貴重な経験になりました。

エ　外交官としてアメリカの地を踏む（12年目〜現在）

　2020年7月から外務省に出向し、ワシントンDCにある在アメリカ合衆国日本国大使館において、外交官として勤務しています。アメリカは、1890年に成立したシャーマン法をはじめとした、反トラスト法という日本の独占禁止法に相当する法律群を有しています。その長い歴史の中で、同国がこれまでに対処してきた反トラスト法に関する事件や判例の数、反トラスト法に関与する法曹の数の規模等には、しばしば驚かされるものがあります。また、複数の利害関係者が競争上の問題をさまざまな観点から検討するということ

が日常的に行われており、アメリカにおける反トラスト法の執行や政策の蓄積から得られる示唆は重要かつ貴重なものであるといえます。ここでの私の仕事は、関係者との人脈形成等を通じて、わが国とアメリカの交流が円滑に行われることを確保するとともに、反トラスト法の執行や政策形成の動向に関する最新の情報を収集し、分析・整理することになります。

　現在、日本を含む世界各地で、大手デジタルプラットフォーム事業者のビジネスモデルが競争に与える影響について、さまざまな観点から議論が行われています。アメリカでも、その流れと軌を一にする形で、議会及び反トラスト当局において活発な議論が行われています。Google、Amazon、Facebook、Apple といった大手デジタルプラットフォーム事業者の市場における行為には、競争政策の観点からどのような点で問題があるのか、問題があるとしてそれをどのように改善していけばよいのか。デジタル市場の特徴をふまえ、反トラスト法の在り方を見直す必要はないのか、どのような形での見直しが考えられるのか。連日行われるウェブセミナー等で、政治家、反トラスト法の実務家・研究者が、自身の意見を発信しています。このような大量の情報をうまく整理し分析していくことが求められます。

　今なお、アメリカにおける新型コロナウイルス感染症の影響は甚大であり、信頼関係や人脈形成を目的として関係者と対面で話をするということは容易ではありません。それでも、市場の競争を守るという価値観を共有しているということは、お互いの距離を縮めるために、非常に大きな役割を果たしてくれていると感じることがしばしばです。しばらくは手探りの状況が続きますが、わが国とアメリカの競争政策について橋渡しを行い、相互の発展を目指して、努力を続けていきたいと考えています。

(2)　公取委の仕事の魅力

　私が考える公取委の魅力として、以下の3点が挙げられます。

　まず、一つ目は、組織としてのミッションが一貫しており、かつ正義に適うものであることです。公取委は、消費者に不利益を与え、市場におけるイノベーション、ひいては経済発展の妨げになる不正な経済活動を未然に防止しまたは排除するために、競争政策を立案し、独占禁止法を執行していま

す。また、経済的自由の確保の観点からも、公取委の政策や法執行は重要だと私は考えています。自由な競争環境なくしては、個人がビジネスに関するアイディアを形にし、自由に世に問うことは難しくなります。消費者やイノベーション、個人の経済的な自由を守る。こうしたシンプルですが力強く一貫性のある目標の達成に向けて日々業務に取り組むことができるということは、公取委の一つの魅力だと思います。

　次いで、高い専門性が挙げられます。独占禁止法の条文は抽象的なものが多く、また、実際に行われている経済活動は多種多様であり、その内容を理解することは、一筋縄ではいきません。他方で、独占禁止法に基づいて行われる制裁は、非常に強力であり、対象となった事業者の事業活動に大きな影響を与えるものです。そのため、独占禁止法を取り扱う際には、高度の専門性に裏打ちされた繊細かつ詳細な分析を伴う必要があります。具体的には、条文の解釈や、事件の分析方法だけでなく、経済実態に関する深い理解、さらには経済学的な考え方に対する理解も求められます。私自身、独占禁止法について、知れば知るほどさらに疑問が湧いてくるということを繰り返し経験しており、独占禁止法の難しさ、奥深さを日々感じています。そういう法分野に取り組むことは、自分自身を鍛え、かつ知的好奇心が刺激されるものであり、大きなやりがいを感じています。

　最後に、業務の内容が多様であるということが挙げられます。公取委というと、過去には独占禁止法の執行機関であるというイメージが強い時期もあったと思いますが、近時は政策官庁としての活動も活発に行ってきており、社会の変化に伴い浮かび上がった政策課題に積極的に取り組んでいます。すでに触れたデジタル市場における競争の活性化は、最近の公取委における政策課題の代表的なものといえます。また、旧来の終身雇用を前提とした勤務の形が徐々に変化してきており、フリーランスとして働く人が増えていますが、このような働き方をする人たちは、契約相手である事業者との関係で、必ずしも十分な交渉力を持たないことも多いと考えられています。そこで、これまでは独占禁止法の射程外であると考えられていたフリーランスの人々について、独占禁止法による保護が及び得るよう、近時、考え方の再整理が行われたところです。さらに、経済のボーダーレス化により独占禁止

法の執行に際しての国際協力の重要性は増しているほか、政策立案に際しても、国際的な議論・検討状況を十分に把握する必要性が高まっており、業務が国際色を帯びる機会も増えています。このように、公取委の職域は、私が就職して以降も飛躍的に広がり続けており、業務の多様性は今後も増していくのではないかと思います。

4　最後に

昔と比べると改善されつつあると思いますが、わが国では競争の価値が十分に理解されていないと感じることが少なくありません。新聞や雑誌で競争が語られるときには、「厳しい」、「苛烈な」といったネガティブな形容詞が付いて回ることが多いこともあり、否定的な印象を持たれがちなのだろうと思います。また、日本人は疲れているという言説をよく目にしますが、その原因を過剰な競争に求める人もいます。

たしかに、競争それ自体は絶対的な価値ではなく、他のさまざまな要請との調和の中で追求されるべきものであるという点は忘れてはならないと思います。そのような前提に立ちつつ、競争が助け合いの心の涵養に役立つといった指摘があること等をふまえ、競争のポジティブな側面を伝える努力・工夫を継続していく必要があります。

また、進歩を続ける経済や技術をふまえた独占禁止法の適用の在り方や、国際的な独占禁止法違反行為への対処など、公取委の抱える課題はますます複雑化しています。これらの課題は、簡単には答えの出ない困難なものばかりですが、価値観が多様化・複雑化している世の中にあって、競争という一つの確固たる軸を持ちながら取り組んでいくことができるということは、非常にエキサイティングなことだと感じています。

競争政策は、今や経済政策の重要な一部として、確固たる地位を占めています。公取委の一員として、競争の理念や意義について社会から一層の理解を得るとともに、上記のような課題に正面から取り組んでいくことで、消費者や個人の経済的自由を守りながら、わが国の経済発展に貢献できるよう、今後も研鑽を積んでいきたいと思います。

政策担当秘書の仕事と
弁護士のキャリアプラン

小島 秀一

1 はじめに

　まず、自己紹介をさせていただきますと、私は2008年12月に弁護士登録し、1年ほど弁護士をしました。その後、2009年12月から国会議員の政策担当秘書という仕事に就きました。2012年12月まで政策担当秘書を務めた後、2013年4月に弁護士に戻りました。現在は、弁護士法人早稲田大学リーガル・クリニックという法律事務所に所属し、また、早稲田大学のロースクールで非常勤講師もしています。

　本稿の概要をご紹介しますと、国会議員の政策担当秘書とはどのような仕事かをお話したうえで、最後のほうで、政策担当秘書と弁護士のキャリアプランの関係等をお話し、全体として弁護士という仕事、資格の特徴を具体的に感じていただければと思っています。

2 政策担当秘書という仕事

⑴ ある日、突然、永田町で働くことに

　私は、弁護士業務を1年ほどしていた頃に、ある急な経緯で政策担当秘書になりました。それまで私は政治の世界とはまったく関係がありませんでした。しかも、私のボスとなる議員は、当時、すでに大臣で、私も大臣室に机をもらい会議に参加するという状況でした。仕事の内容は後ほどお話させていただきますが、最初に何に困ったか。それは、業界用語がバンバン飛び交って、言葉の意味がわからないことでした。

　たとえばですが、「コクタイ」「ギウン」、これは何を意味する言葉だと思いますか。

　私が働き始めてすぐの頃に、同僚から「コクタイにギウンの日程を確認してください」と言われました。最初、何のことだかさっぱりわかりませんでした。とりあえず、コクタイが「国民体育大会」ではないのだろう、ということだけはわかりました。

　結局何だったかといいますと、コクタイは「国対」。つまり「国会対策委員会」です。「国会対策委員会」とは、政党ごとにある、本会議や委員会の運営や議事等に関する組織です。ギウンについては「議運」、「議院運営委員会」の略称です。「議院運営委員会」とは、議院の運営を扱う国会内におかれた委員会です。こちらは国の組織です。ここに各政党からその所属議員の数に応じて議員が選任され、各議院における法案の審理の日程などが決められていきます。

　秘書になってすぐの頃には、こうした業界用語に驚きました。まったく違う分野の世界に来たのだなぁ、と改めて実感した記憶があります。

⑵　政策担当秘書制度について

　では、本題に入ります。ちなみに、脱線も多くすると思いますが、むしろ、脱線のほうが重要なお話だったりもしますので、ご了解をいただければと思います。

　まず、政策担当秘書とは何なのか、その制度の概要を説明します。なお、今後は政策秘書と略すことにします。

　国会議員の秘書には、公設秘書と私設秘書の 2 種類があります。公設秘書は国が給与を支給する特別職公務員であり、私設秘書は議員自身が給与を払って雇う私的な秘書です。

　各議員の公設秘書の数には限定があり、政策秘書・第一秘書・第二秘書、この 3 名だけとなります。政策秘書のみ、なるには資格が必要です。一方、私設秘書の数には制限がありません。ただし、議員の自腹です。私設秘書がいない事務所もあれば、10人以上という事務所もあります。少し脱線しますが、どのように多くの私設秘書を雇っているのか謎な事務所もあります。細

かい話は割愛しますが、とある事務所では、普段は秘書の名刺で仕事をしているけれども、どうやら給与は他から出ている、そんな話も聞いたことがありました。

　では、政策秘書資格はどのように取得できるか。資格取得のためにはいくつかのルートがあります。本来的な一番のメインルートは、政策秘書試験に合格して取得するルートです。ただ、この試験は非常に難しく、合格率は数パーセントです。2つ目のルートは、「高度の資格試験」に合格し、かつ、議員の申請を受けて口述試験に合格するというルートです。司法試験は、この「高度の資格試験」に含まれていますので、弁護士は議員の申請があれば非常に合格率の高い口述試験のみで資格を取得できます。他にもいくつかルートがあるのですが、たとえば、公設秘書を10年間経験し、その後、一定の短期間の研修を受けるというルートもあります。おそらく、現在、政策秘書をしている人のうち最も多くを占めるのは、このルートでの取得だと思います。この点、当初の制度趣旨とは異なっていると言う方もいます。

　政策秘書の給与は、勤続年数と年齢で決まります。一番低いところで月額約42万円、年収ではボーナス含め、たしかおおむね730万円くらいだと思います。その後、数年で約850万円になり、最終的に1,100万円近くになります。

　よく弁護士業との兼業はできるか聞かれるのですが、議員の許可があれば可能です。ただし、兼業による収入額については所属の議院に申告する必要があり、これは公開されます。実際、時間的にできるのか、という点については、事務所によりますが、私の実感としては、ほぼできません。大半の事務所は少ない秘書で何とか回している状況なので、他の仕事をする時間はないように思います。

　次に、ボスとなる議員、議員事務所はどう決まっていくのか。これは勝手に配属してもらえるわけではありません。一般の会社と同様に、みずから各議員に採用してもらう必要があります。たとえば、議員が政策秘書の名簿を見て気になった人に連絡し、その後、面接を経て採用に至ることもあります。しかし、待っていても連絡があるのかわかりませんので、政策秘書がいない議員事務所に積極的に連絡をして、就職活動をする人もいます。

　少し脱線しますが、私が政策秘書になったきっかけは、早稲田大学のロー

スクールでお世話になったある先生でした。2009年8月に政権交代があった
ことはご記憶にあると思います。その3か月前、当時私は弁護士事務所に所
属していましたが、恩師の先生から連絡があり、飲みに行きました。恩師い
わく、「次の選挙で政権交代が実現しそうだ、そうすれば、新人議員が大量
に生まれるが、その際には政策秘書も新たに大量に雇われることになる。海
外では多くの弁護士が政策スタッフとなっているが、日本でも弁護士が多く
入らなければ、政治レベルの底上げができない。若者は今こそ立ち上がるべ
きだ」と熱く語られました。私は、その先生とガッチリと握手を交わしまし
た。その後は、勤務していた弁護士事務所には大変なご迷惑をおかけしてし
まいましたが送り出していただき、さまざまなご縁やご紹介があって、仙谷
由人さんという、弁護士でもある衆議院議員の政策秘書となりました。仙谷
由人さんというお名前に、みなさんご記憶がありますでしょうか。2010年に
官房長官になりました。これほど人生を日本に捧げている、という表現が
ぴったりくる人に出会ったことがありませんでした。

(3)　政策担当秘書の仕事

　政策担当秘書の仕事の内容ですが、国会法では「主として議員の政策立案
及び立法活動を補佐する秘書」と規定されています。では、実際はどうか。
結論としては、議員によります。議員の中には政策にあまり興味のない方も
います。選挙のみに焦点を当てている事務所では政策の仕事はしにくいで
す。一方で弁護士を政策秘書にするという議員は政策に関心が高い議員が多
いと思います。選挙させたいのであれば弁護士を雇わずに、もっとそれに長
けた人を雇えばよいので、そうした傾向はあると思います。

　ア　政策・立法過程に関する仕事について

　議員は、議員立法、国会質問、その他さまざまな場面で法案、政策に関す
る調査、検討を行う必要がありますが、その際、秘書はまず資料集めに着手
することになります。

　資料の収集方法は、多くの場合、関係省庁、国会図書館、各議院の調査室
などにお願いします。もちろん、お願いする際には、自分自身が調査内容に
ついて基本的な理解をしておくことが必要です。資料を集めた後は、さまざ

まなバリエーションがありますが、深く検討する必要がある場合、当然ですが、読み、取捨選択し、まとめる作業を行います。ちなみに、野党議員の場合には、国会質問の作成は特に重要になります。議員の想定する国会質問ができるよう、秘書も質問の筋書きや内容の検討、質問の際に示すパネルを作成することがあります。

　また少し脱線しますが、秘書の仕事を始めて驚いたのは、とにかく会議がたくさんあることでした。当然、議員がすべての会議に出席することはできませんので、秘書が代理で出席し、その状況を把握しておく必要があります。議員が党内での役職者になったり、何らかの会の事務局になった場合には、会議の主催者側になりますので、さらに多くの業務が発生してきます。会議の資料作りや日程や他の事務所との調整、その他、事前の参加者確認や会議の際のお茶出しや昼食の手配などの雑用も行います。

　私の場合についても少しお話しますと、私は幸運なことに議員が大臣だったため、閣法（内閣提出法律案）の立法過程にも関与することができました。たとえば、一つには、官僚や有識者と情報公開法改正原案の作成に関与しました。この時は、たとえば、著名な法学者にアポイントを取り、直接お話をうかがうなどもしました。伊藤眞先生（東京大学名誉教授、元・早稲田大学ロースクール教授）から情報公開請求訴訟におけるインカメラ手続の導入の可否等のお話をうかがった時など、とてもワクワクしたことを覚えています。

　また、行政不服審査法の改正にも、最初から関わることができました。原案作成に関与することができたほか、立法作業が継続していく中で方向性が変わっていないか、総務省等に状況を逐次確認し、議員に状況を伝えていました。ときには、方向性が変わっている点を議員に伝え、修正してもらったこともありました。

　弁護士を政策秘書にすることの議員側のメリットとしては、一つには「条文が読める」ことが挙げられるように思います。弁護士であれば、法律案を含む大量の資料をそれなりに早く正確に読み込めます。また、条文は文言のちょっとした違いで、要件や効果が大きく変わりますので、当該文言が本当に当該法令の趣旨に沿っているのか確認する必要があります。官僚から提供された法案等の内容を、すぐに確認して議員に伝えられるというのは、弁護

士を政策秘書にすることのメリットの一つだと思います。

イ　代理出席・文書等の作成・情報の取捨選択・その他について

　政策以外にも秘書には多くの仕事があります。パーティー等への代理出席、これも仕事の一つです。議員が出席できない場合に秘書が代わりに行って、名刺を置いたり挨拶をします。政治資金パーティーへの代理出席、これはとても新鮮で興味深いものでした。立食でのケータリングの豪華な食事も物珍しかったですが、特に興味深かったのは進行スケジュールです。政治家は基本、話が長いです。しかも、招待している人の中に気を使わなければならない人が多い。主催者としては、誰々に挨拶させておいて、自分にさせないのは何事だ、と言われるのは避けたい。一方、乾杯をしてしまうと名刺だけ置きに来た客が会場から帰ってしまう。するとどうなるか。一番長かったのは、18時から20時までの会のうち、19時45分頃にようやく乾杯のご発声。乾杯まで皆グラスを手にもって待ちぼうけ。乾杯と同時に大半が解散。なるほど、こういう世界か、と興味深かったです。

　その他、秘書の仕事としては、外部に向けた文書の起案などもやります。事務所によっては、ブログや Facebook 等の投稿の原案作りを秘書がやります。あとは、講演する際の資料作りなどでしょうか。私の場合は、ほとんど議員本人が自分の言葉で講演をしていたので、外部向けのレポート的なものの作成が多かったです。

　また、議員のところには、毎日多くの資料、案内等がきますので、すべてを議員が確認することはできません。そのため、まずは最初の段階で秘書が取捨選択し、優先順位をつけて議員に報告します。その段階で、怪しい話や優先順位の低い案件は秘書がカットします。秘書が議員に上げる情報の取捨選択は、まさに議員が接する情報を選択しているので、議員の行動に大きな影響を与えます。

　これらのほかにも、陳情に来た人への対応、支援者への対応、議員の日程調整、頻繁に鳴る電話への対応、そして、各種雑用も多くあります。

　電話対応で最初に驚いたのは、頻繁に国民の方からのお電話があることです。「あ、もしもし、国民ですけれども」というお電話を取った時には最初はびっくりしました。私の応答が録音されて反訳文をネットに投稿されたこ

ともありました（笑）。

　ウ　選挙・政治資金について

　選挙については、話し始めると長くなりますのでここでは簡単に述べます。選挙活動の中心的な役割を担うのは地元の秘書となりますが、選挙が近づくと、全秘書が地元に行きます。私の場合は、ボスの選挙以外にも、参議院選挙、地方選挙等で、毎年３か月間くらい地元に張り付きました。これはですね、本当に面白い。選挙とはお祭りです。お祭り好きにはたまらないと思います。そして選挙にまつわる面白いエピソードは多くあります。ただ、ここでは長くなるので割愛します。

　一方、悩ましい点もさまざまあります。みなさん、公職選挙法という法律をご存知でしょうか。この法律、とても曖昧な内容で、結局、何をしてよくて、どこから違反なのか、条文からはわかりにくい。さらに、各県警によって取り締まりの線引きが違ったりもします。一昔前まで、ある県では飲み食いの提供について取り締まりが緩かった。ところが突然運用が変わり、バタバタと逮捕者がでました。また、知らず知らずのうちに選挙違反を犯していることもあります。たとえば、後輩がボランティアで選挙の手伝いに来てくれたのでうれしくなって、つい夜の飲み代をおごってしまったとします。これはアウトです。公職選挙法は通常とは別な意味で難しい法律です。

　政治資金のお話も重要です。政治資金集めをどれだけ頑張るかは議員によってまちまちです。中心となるのは政治資金パーティーです。パーティー当日の段取りなども大変ですが、さらに大変なのはパーティー券を買ってもらうことです。では、どのように買ってもらうのか。精力的にお願いをしている事務所では、年間を通して業界団体や会社に対して挨拶回りを続けているところもあるようです。事前に連絡をして、まずは秘書が挨拶に行き、その後、大量に買ってくれそうなら議員が挨拶に行く、という段取りと聞いたこともあります。私のいた事務所はあまり熱心ではなかったので行いませんでしたが、会社の営業と同じような仕事だと思います。

3　弁護士としてのキャリアプラン

　以上、政策秘書の仕事について述べてきました。もちろん、面白いというだけの仕事ではありません。特殊な業界でありストレスも多いです。また、勤務時間も議員や国会の状況に合わせて不定期になることが多いです。もっとも、そうしたデメリットを上回るメリットを私は政策秘書の仕事を通じて得たと実感しています。そこで、最後に政策秘書のキャリアがその後の弁護士のキャリアプランにどう影響するか等についてお話させていただきます。

⑴　政策秘書時代に得たもの

　国会は人・情報・予算の中心地であり、多くのものが集まっています。人については、学者・有識者、記者、官僚、企業・団体・NPO の関係者、他事務所の秘書や議員本人等々、本当に多くの人と毎日接することができ、得がたい方たちと交友関係を結びやすい状況にあると思います。私自身、多くの方たちと秘書を退職した後も交流しており、本当にありがたいつながりを得たなと今になって実感しています。この点、弁護士としての仕事の依頼も、当時の関係の方から多くきています。割合としては間接的なものも含めれば半分以上は当時の関係で仕事の依頼がきている状況です。

　また、政治の実際を知ることができたことも大きいと思います。若いうちに世の中がどのように動いているのかの一端に触れられ、世の中の見方が大幅に変わりました。私の社会観を大きく変えた経験となったことは間違いありません。

　また、知識の幅も大きく広がりました。それまでは法律の知識が中心でしたが、世の中の幅広い知識、雑学、エピソードに触れられました。

⑵　弁護士のキャリアプラン

　弁護士のキャリアプランは、いつでも弁護士に復帰できるという資格の性質上、みずからが自由に決めやすいといえます。この点、その人の弁護士としての価値が高ければ、選択の自由度はさらに増します。では弁護士の価値

とは一体何なのか。一つの考え方としては、「能力」×「希少価値」という考え方があると思います。たとえば、この事件はこの人にしか頼めない、日本に１人しかその事件を担当できる人がいなければ、能力に関係なく仕事は集まってきます。そして、能力を上げることは難しいですが、希少性は工夫で獲得できます。

　世の中に弁護士は多く存在し、政策秘書も多くいます。一方で、政策秘書だった弁護士は多くありません。そして、政治の世界を知っている弁護士、選挙等の実際の状況を知っている弁護士というのは、ニッチな分野ですが一定のニーズがあります。こうした属性を獲得したのは、めぐり合わせと選択であり、私の能力ではありません。

　昔は弁護士になったら法律事務所に属してキャリアを積み、数年して独立、これが弁護士のキャリアとされていました。しかし、今は、弁護士というだけでは希少価値がある時代ではありません。一定の健全な競争原理が働くようになってきています。自分が弁護士として活躍するキャリアとして何を選ぶべきか。ときに最初に弁護士ではなく他の業種で希少性を獲得するという選択肢は十分に検討する価値があると思います。たとえば、私の知人の弁護士には、元コンサル系の会社にいた方が多くいますが、企画の立案・プレゼン・実行の仕方が一般の弁護士とは違います。みなさんとても活躍されています。企業のほかにも、国家公務員や地方公務員、NPO、国連など、さまざまな場面で希少性は獲得できます。企業内弁護士という選択もありますが、企業で働くなら最初は法務部に限らず、もっと目線を広く、さまざまな部署で働いてもよいのではと思います。

(3)　学生のみなさんへ

　弁護士は、おおむね、社会のさまざまな分野で好意的に受け入れてもらえ、また、会社や団体から退職しても、自分の力で比較的高水準の収入を確保しやすい職業です。つまり、リスクを恐れず興味を持った仕事に飛び込んでいくことができる、この自由さが他の職業にない弁護士の特徴だと思います。

　学生のみなさんの中には、まだ将来の職業を決めてない方も多くいると思

います。法曹を志望する方も、しない方も、ぜひ、少なくとも今後の人生を
自分はどう生きていきたいか、そのイメージを自分の中で探ってみてくださ
い。人それぞれ、どこに重きを置くか、価値観は異なると思います。自分の
時間は少なくてもよいので高収入を得たい人、ワークライフバランスがとれ
た生活を望む人、仕事の自由度を重視する人、やりがいを重視する人、名
誉・名声を求める人、さまざまな人がいると思います。自分の中の根源的な
欲求をまずは確認して、そのうえで、その自分の希望にあった仕事が何か考
えていく、そういった仕事の選択の仕方も重要なのではと思います。ですか
ら、具体的な職業名までは決まらないにしても、今のうちに自分がどう人生
を生きたいのか、ぜひ、考えてみていただければと思います。ちなみに、弁
護士という職業には、みなさんのさまざまな欲求に高いレベルで応えられる
だけのレパートリーが揃っていると私は思いますので、ぜひ、選択肢の一つ
に入れていただければと思います（笑）。

医師と弁護士

浜松医科大学医学部法学教授
大 磯 義 一 郎

1 私のキャリア 医師、弁護士、研究者

⑴ 1999年に医師として働き始める

　私が医師になった1999年は、医療界にとって大きなターニングポイントとなった年でした。都立広尾病院事件（看護師が誤って消毒薬を静脈注射してしまい患者が死亡した事件）や、横浜市立大学患者取り違え事件（心臓の手術の患者と肺の手術の患者を取り違えて手術した事件）、杏林大学病院割りばし事件（男児の喉に割り箸が刺さり死亡した事故）といった世間の耳目を集める事故が起き、テレビや新聞では、毎日のように医療者が一方的に非難されていました。そして、連日のメディアによる偏向報道に感化された患者、家族は、医療者に対し強い不信感を持つようになり、日常診療の場は、「訴えてやる」、「出るとこ出てもいいんだぞ」というような言葉が当たり前のように飛び交う場へと変わっていきました。

　そのような現場の空気が急速に変化していく時期に、私は研修医として勤務を開始しました。私が入局した日本医科大学附属病院第三内科は、消化器内科、血液内科、内分泌・代謝科の３つの診療科を持っており、内科医として全身を診ることができる医局でした。私が研修医として働き始めた当初は、まだ医療現場にギスギスした空気は少なく、純粋に患者のために尽くすよう先輩医師から徹底して指導されました。当時は、現在の臨床研修制度はまだなく、月２万円強の給与で、勉強のためと毎日０時過ぎまで病院に勤務し、当直の日には、日勤―夜勤―日勤と36時間連続勤務を行っていました。ちなみに、研修医の時に最大で月29日当直をしたこともありました。

客観的にみると過酷極まりない労働環境でしたが、日々、自身が医師として成長していることを実感できたこと、尊敬できる先輩医師が本当に熱意をもって指導してくれたこと、そして何より患者、家族からの「ありがとう」が本当にうれしかったことから、楽しく、充実した日々でした。

(2)　急変していく医療現場

しかし、先に述べたように医療現場の雰囲気が急速に悪化していきました。日曜日の深夜、受け持ち患者の容態が急変し、大学の研究室から急いで勤務先の病院に駆けつけると、患者家族から「遅いじゃないか。何やってたんだ！」と怒鳴られたのには、私自身衝撃を受けました。ちなみに、当時は夜間、休日に病院に呼び出されて出勤しても、何の手当も出ませんでした。

そして、最大の問題は、医療現場に刑事司法が過剰に介入してきたことでした。私の友人は、単なる合併症の事例にもかかわらず、刑事捜査の対象となりました。任意という名の強制的取り調べにおいては、朝から晩まで医療の医の字も知らない警察官に怒鳴り散らされ、書類送検の際には、マスコミで実名報道され、インターネット等で誹謗中傷を受け、結果として不起訴にはなったものの、うつ状態となり、27歳で大学病院を辞め、恐怖のためしばらく診療に関われなくなりました。子供のころから勉強一筋で、医師になってからも、私同様、患者のためにすべてを捧げていた友人のキャリアは、無知かつ暴力的な刑事司法とマスメディアによって潰されました。

たしかに、医療界はその専門性ゆえに閉じた社会となっており、当時、インフォームドコンセント等改善すべき問題が多々あったことは事実です。その点において、1999年からの医療現場に対する批判は、一定の功績をあげました。しかし、その改善を得るために行った方法には、問題があったといわざるをえません。

刑事司法介入に関する問題点の詳細については、全国医学部長病院長会議2019年2月8日付「医療と刑事司法の関わり方について」（https://www.ajmc.jp/）に示されていますが、要約すると、①業務上過失致死傷罪は成立要件が曖昧であり、現場の医療従事者にとって、目の前の患者に対し、これから自身が行う行為が適法か否かの判断ができない（適法行為の予見可能性の欠

如）。その結果として、萎縮医療が生じた。②「刑事捜査を受けること」自体により、威圧的、暴力的な取り調べや、マスコミ報道、インターネット、SNS等による誹謗中傷や経営上の損失、雇用契約上の制裁等を受けることとなり、後に、単なる合併症であり、過誤ではないことが捜査の結果判明したとしても「刑事捜査を受けること」によって、重大かつ不可逆的な損害が発生してしまう。③法律家の考える過失観が単なる結果論、根性論でしかなく、ヒューマンファクターズ、システムエンジニアリング、組織マネジメント等、現在の医療安全領域における知見から大きく遅れている。このように、刑事司法介入には数々の問題があり、その結果、社会的共通資本である医療を棄損したことは、真摯に反省すべきです。

(3)　早稲田大学ロースクールへ

　そのような状況の中、新たな法曹養成制度として、ロースクールが設置されるとの報道を目にしました。ちょうど、大学院にいく時期と重なっていたこと等もあり、このまま医局で愚痴を言っていても仕方がないと考え、ロースクールを受験することにしました。

　そして、2004年、早稲田大学ロースクールに第1期、法学未修者として入学しました。いわゆる1期未修は、銀行員、証券マン、官僚等々、バックグラウンドの異なる学生が多く、私自身、今まで話したことのない職種の方たちと議論ができ、とても刺激的でした。

　個人的な見解ですが、医師と法律家や銀行員、官僚等との違いは、前提として正解があると考えるか否かだと感じています。科学者である医師は、いまだ到達はしていないが、真理は存在すると考えますが、法律家等は、そもそも正解など存在しない（あるとすれば「落としどころ」）という前提で動いているように思われます。その結果、何らかの問題が発生した時に、科学者である医師は、なぜ問題が発生したか原因を究明し、問題の本質を明らかにしようと考えますが、法律家等は、まず、大まかな結論を決めてから、多数派を形成するように動くといった傾向があるように思われます。

　この傾向は、マスメディアも同様であり、しばしば、真相など興味がないかのごとくふるまいます。

　1999年からの医療バッシングは、当時、医療現場にいた私から見ると、うがった見方をすると経済的利得のために司法とマスメディアが筋書きを描いて進めていたようにさえ感じられました。大手新聞の社会面には、連日のように、「医療ミスで患者死亡」と大きな記事が掲載され、同じ紙面の下には、「○○でガンが消えた」といった科学的証拠のない民間療法の広告が掲載されていました。テレビも同様で、ワイドショーでは、連日、医師に対する誹謗中傷を繰り返すと同時に、根拠のない健康情報を垂れ流していました。

　そして、司法においても、5年で倍増するほど医療訴訟が急増し、中には、明らかに過失のないような事例についてまでマスメディアを使って被害を強調し、バッシングが起きるようにすると同時に、医療機関に対し高額の示談金を要求するような事案も認められました。

　そのような医療バッシングブームともいえる時代にロースクールで学んでいましたが、印象的だったのは、とある講義で、医師は患者のために尽くしているのかという議論において、私が、「医師は、救急医療等、患者のためと身を粉にして現場を支えている」と発言したところ、隣に座っていた学生が、「ふん。そんなのは嘘だ」と鼻で笑ったのです。その学生は、医療現場の何を知っていてそのような発言をしたのかと思うと同時に、マスメディア等の影響を受け、「正義感」で医療バッシングをする人たちに対し、どのようにしたら医療現場の実態を理解してもらえるかと考えるようになりました。

⑷　ロースクールを修了して

　ロースクールを修了し、無事、司法試験に合格したのはよかったのですが、その後、どうしようか1年間悩みました。というのも、ロースクール入学前は、弁護士になり、個別案件を適切に解決していくことを通じて、状況を改善していこうと考えていましたが、ロースクール時代に医療と法に関するシンポジウム、勉強会等に参加し、知り合った先生方からご指導をいただくうちに、立法、行政に関わるようになり、適切な制度設計に携わることでも同様の効果を得られるのではないかと考えるようになったからです。

　そのような折、当時、国立がんセンター（現国立がん研究センター）中央病院

の病院長をされていた土屋了介先生から、一緒に働こうとお誘いいただきました。医療界も法曹界も優秀な方は多いのですが、土屋先生は、ただ優秀なだけでなく、広く、かつ、特異な視点をもった先生でした。私自身、学者肌で、目先の問題に集中して深堀りすることは得意ですが、反対に、さまざまなステークホルダーの視点を取り込んだり、まったく別の領域の視点を取り込んだりといったところは不得手でしたので、土屋先生とのディスカッションはとても刺激的で多くの発見がありました。

　そのような先生からお誘いいただいたこともあり、修習終了後、国立がんセンターがん対策情報センターに勤めることにしました。業務としては、知的財産管理官として、当時国策として盛り上げようとしていた、産官学連携、トランスレーショナルリサーチ（橋渡し研究のこと。基礎研究で発見された新規医療の種を実際の医療技術・医薬品として実用化することを目的とした研究）の立ち上げや研究所の知財マネジメント業務を行っていました。

　がんセンターで私が学んだことは二つありました。一つは、ほんのちょっと基礎医学研究に携わった程度の私の知識では、およそ研究所の先生方が行う最先端の研究内容は正確には理解できないということです。工学等、他の研究領域のことはわかりませんが、基礎医学研究に関しては、少なくとも、私を含め、弁理士、特許庁、裁判所等すべての知財に関わる法律関係者は、よくわからないまま特許申請をし、審査をし、訴訟をしているということがわかりました。高度に専門化した社会において、法律家が当該専門領域の実体に関与することの限界を痛感する（なお、法律家は手続には関与できるが、各業界のお作法には合理的な理由があり、法律家の手続論をそのまま持ち込むとクラッシュすることには注意が必要）とともに、やはり、自分のこれまで積み上げてきた専門性を磨いていくべきと考えました。

　もう一つは、官僚組織のような減点法の世界は私には向いていないということです。先に述べた科学者や、おそらく起業家等、新しくものを作っていく職種では、失敗することは当たり前ですし、発信し、批判を受けながら学習し、進歩していくことが重要であり、逆に失敗を恐れて何もしないことは批判の対象となります。一方、官僚組織や法律家等においては、成功は当然のこととして加点されず、結果として何かしらうまくいかないことがある

と、ただただ減点される。その結果、正しいこと、なすべきことをするより
も、誰からも批判が出ないこと、場合によっては何もしないことが正解とな
ります。この構造も、法律家等が真理の探究よりも、まず多数派の形成に動
く一因になっていると思われます。

　そして、医療行政、医療訴訟、医療安全はまさに、この二つの世界が交錯
する領域であり、だからこそ相互理解が必要だと感じました。

2　医療法学とは

(1)　大学医学部へ

　がんセンターで壁に当たっていた私に、帝京大学医学部で講義をしてみな
いかというお誘いがきました。もともと医学部で育った私にとって、医学部
卒業後、臨床に携わり、その後、大学院に行き、海外留学を経て、大学内で
さらなる研究をしていくというのは、医師の典型的なキャリアパスです。そ
して、振り返ってみると、私自身、医学部を卒業して、臨床をやり、ロース
クールに行って、海外留学の代わりに司法修習を経て、法律業務にあたって
きました。そう考えると、大学に戻ってくるというのは、ある意味、典型的
なキャリアなのかと思い、これまでの経験をまとめていこうと、2011年から
帝京大学で「医療法学」の講義をすることとなり、その翌年からは、現職で
ある浜松医科大学医学部法学教授として、「医療法学」の教育、研究を行っ
ています。

(2)　「医療法学」とは

　「医療法学」とは、医師法、医療法をはじめとした健康保険法、医薬品、
医療機器等の品質、有効性及び安全性の確保等に関する法律、予防接種法、
母体保護法等医療関連法規及び民事責任、刑事責任、行政責任といった医療
紛争、患者の権利ならびに医療安全、医療倫理、医療管理学等隣接領域にお
ける法的側面を対象とした学問領域です。

　医学研究は、基礎医学、社会医学、臨床医学の三つの研究領域があり、医
療法学は、社会医学の一分野であり、かつてわが国では公衆衛生学の一分野

として、医療政策、関連法規の中で取り扱われていました。

しかし、近年の社会情勢の変化を受け、医療に関する法整備（複雑化）及びその適用の厳格化が急速に進んだ結果、医学部教育における適切な医療法学教育が強く求められるようになりました。そして、日本医学教育評価機構（Japan Accreditation Council for Medical Education）が作成した「医学教育分野別評価基準日本版 世界医学教育連盟（WFME）グローバルスタンダード 2015年版準拠」（2017年6月26日）「2. 教育プログラム」の「2.4　行動科学と社会医学、医療倫理学と医療法学」においては、「医療法学」は、カリキュラムに定め、実践しなければならない基本的水準に位置付けられるようになりました。

(3)　医事法学との相違

このように、「医療法学」は医学部教育の中で昔から行われており、医師国家試験においても問われていましたが、近年の社会的要請を受けて、独立した研究領域として取り扱われるようになりました。

一方、法学領域における医事法学は、民事医療訴訟と刑事医療訴訟をどのように取り扱うかという観点から発展してきました。その結果、医事法学の目的は、「民法、刑法の観点から医療（医療行為）による人権侵害から国民（患者等）の権利を擁護することにある」（植木哲『医療の法律学』（有斐閣、2007））、「法の機能と限界を考慮の上、医療関係者の暴走の抑止と患者の権利の保障」（前田達明、手嶋豊、他『医事法』（有斐閣、2000））とされていました。

医事法学はその出発点として、医療者は患者の人権を侵害する悪者であり、患者は弱者、被害者であり、それを守る正義の味方が法律家であるという視点で始まったのです。

しかし、先に述べたように、ほとんどの医療者は、家族を犠牲にしてまでも、患者のためにと尽くしています。そして、わが国の医療提供体制は、国際的にきわめて高く評価されており、2000年のWHO総合的な医療システム達成度では191か国中1位と評価され、2011年のISSP（国際社会調査プログラム）による医療アクセス評価でも世界1位とされる等、世界最高水準の医療を提供し、国民の健康に寄与しています。

この現実とまったく相反する視点から構築された医事法学が、2000年代の混乱に拍車をかけたことは残念ながら事実です。

(4)　医療と司法の相互理解に向けて

決して間違えてはいけないのは、私が指摘したいのは、私が正義で医事法学者が悪だといったことではなく、誤ったから医事法学のすべてが駄目だということでもありません。医療界が、法律家等から指摘された問題点を改善しようと現在も努力を続けているのと同様に、法律家もなぜこのような過ちが発生したのか、よりよくしていくためにはどうしたらいいか学習すべきということです。

繰り返しますが、科学者たる医師と法律家との間には深くて大きな川があります。科学者は失敗を成功の元と考えますが、法律家は少しの過ちを見つけると、それを大々的に責めたて、決して許さないように思えます。弁護士の仕事はまさにこれです。その結果、法律家はみずからの過ちを認められず、マスメディア等を用いて自己正当化したり、指摘した者を攻撃したり、ときに見ないふりをして突き進みさらなる被害を生じさせます。

現在でも、一部の法律家は、予防接種は悪であるというドグマに陥り、HPV ワクチンに対し、WHO をはじめ、世界中から繰り返し接種するよう指摘されているにもかかわらず、見ないふりをして反ワクチン運動を続けています。法律家は、自己の過ちを認められない結果、今後、何万人、何十万人という女性を子宮頸がんにて死亡させていくかもしれません。

本当に、患者、国民の生命、身体を守りたいのであれば、医療界と法曹界が膝をつき合わせて、2000年代に生じた問題点をしっかりと検討し、前向きな議論をするべきなのです。

3　これから法曹となるみなさんへ

これから法曹となるみなさんは、さまざまな思いを持って日々、学んでいるものと思われます。しかし、みなさんが取り扱う法律は、国家権力を用いて、当事者となった国民の意思に反して何らかの行為を強制するツールで

す。したがって、法の執行は、対象となる国民に対する人権侵害を伴うものである以上、厳格な正当化根拠が求められます。

　個々の事案において、みなさんが考えた正当化根拠は本当に正しいのか。それを支える知識、経験を自身が備えているのか。常に疑いをもち、広い視野を持って、生涯、学習していっていただきたいと思います。

　依頼者の希望だから、法律に書いてあるから、最高裁判決にあるから、はては素朴な正義感から法律を用いることは厳に慎まなければなりません（それだけなら早晩、AIに取って代わられます）。

　世の中の事象を法律に当てはめるのではなく、世の中の事象をその背景までよく理解し、個別事案の解決だけでなく、それが及ぼす影響もふまえ、法の執行をはかることこそがプロフェッションの仕事です。

　それでも、当時、最善と考えて下した判断が後に過ちであることが判明することは往々にしてあります。そのときに、過ちを受け入れ、改善に向かえる柔軟性を持てるようになっていただけたらと思います。

　私自身は、医療法学を通じて、医療と司法の相互理解の促進をはかることを大きなテーマとしています。猛烈なスピードで医学、医療が進歩しているがゆえに、日々、さまざまな問題が医療界では発生しています。明治時代につくられた法律や、大審院（明治憲法下に設置されていた最上級審の裁判所）の判決、はたまた単純な善悪二元論では解決できないのが医療法学の面白いところです。柔軟かつ法創造的な世界に興味があるようでしたら、私の研究室まで連絡していただけたらと思います。

第6章
法曹を育てる挑戦

早稲田大学ロースクール棟

臨床法学教育が「挑戦する法曹」を創り続ける
──ワセダ・ローが目指すもの──

弁護士・國學院大學法学部教授
(2004年〜2009年早稲田大学ロースクール客員教授)
四宮　啓

1　はじめに

　2003年、開校前の早稲田大学ロースクールの仮住まいであった19号館の大会議室は、熱気に包まれていました。いよいよ開校する2004年度第1期生の初めての入学試験が終わったのです。早稲田大学ロースクールは社会人・他学部卒業者の入学を促すため、未修生を中心に採用することとしていました。未修コースの入学試験では法律科目を課してはならないとされていたため、面接では法律以外の、正解のない課題について、試験委員と受験生がディスカッションを繰り広げました（現在の入試制度はこれとは異なります）。試験委員は研究者教員と実務家教員とがペアを組み、それぞれ研究者、実務家らしい質疑と討論を受験生と行いました。法律以外のテーマについて、深い洞察力や論理構成力、分析力、新しい発想力などを展開してくれる受験生を数多く見出し、新しい法曹養成制度が始まることをひしひしと実感したものです。

2　プロフェッションとしての法曹

　司法制度改革審議会意見書は、主権者である国民を多様な社会生活関係を自律的に形成・維持する統治主体として位置づけ、だからこそ、法曹については「国民生活の様々な場面において法曹に対する需要がますます多様化・高度化することが予想される中で……プロフェッションとしての法曹の質と量を大幅に拡充することが不可欠」と述べたのでした。

　早稲田大学は、意見書が打ち出した「プロフェッションとしての法曹」像に共鳴し、その養成方法として、法曹資格を持つ教員の指導監督のもとで、学生が現実の法的問題を担当するクリニック、シミュレーション、エクスターンシップなどの臨床法学教育（clinical legal education）が必要と考え、早稲田における新しい法曹養成教育の重要な柱の一つと位置付けました。

　プロフェッションとは、精通した知識体系と熟練した技能を、自分以外の他者への奉仕に用いる天職で、その構成員は、みずからの力量、誠実さ、道徳、利他的奉仕、およびみずからの関与する分野における公益増進に対して全力で貢献する意志を国民に対して公約する者です。法曹とは、このプロフェッションとしての利他的奉仕、公益の増進を担う者であり、その養成の原点も、これを担うことができる者の養成のはずです。だからこそ法律家の責任の本質は、法律家を雇えない、あるいは法律家にアクセスしづらい、顔と名前のある人々に対するリーガル・サービスの提供、言い換えれば公共心のあるリーガル・サービスの提供ということになるはずです。アメリカにおけるクリニックの起源は、貧困な人々へ法的支援を届けたいという「学生の」欲求でした。その結果学生は、社会に貢献すべき専門職責任を果たすべく、社会正義、とりわけリーガル・サービスにアクセスしづらい人々にサービスを提供し、ロースクールは、コミュニティーと緊密に結びついていくこととなったのです。

3　理論・技能・専門職責任の統合的教育の必要性

　そのような法曹をアウトカムとして作り出すための教育としては、理論と技能と専門職責任を統合した教育が必要不可欠です。なぜならプロフェッションとは、理論と技能と責任の統合主体だからです。

　臨床法学教育は、単に実務を見せ、技術を伝授するだけではありません。それは、プロフェッションとしての法律実務家が提供する公共心のあるリーガル・サービスの提供に際して必要な理論の教育であり、技能の教育であり、そして専門職責任の教育です。なぜならそれらを兼ね備えなければ、リーガル・サービスを受ける依頼者の最良の利益を実現することができない

からです。なにより重要なことは、臨床教育は、ひとつの科目として、これらを統合して教育できるということです。ですから臨床法学教育は、現行の実務を見習う司法修習とは本質的に異なるものです。

　臨床法学教育は、法律家が関与することによって、リーガル・サービスにアクセスしづらい人々を、資力のある人々と公平・平等に扱うための権利構築の新たな理論を発展させます。学生は、みずからが関与することによって社会正義が発展してゆくことを実体験できるのです。これほど専門職責任の涵養に効果のある教育方法はありません。

4　早稲田大学ロースクールにおける臨床法学教育

　早稲田大学ロースクールでは、開校前から、北米等のクリニック教育を現地視察し、またカリフォルニア大学バークレー校のチャールス・ワイセルバーグ教授とワシントン大学セントルイス校のピーター・ジョイ教授を招いて、クリニック・コースの立ち上げと運用について指導を受けてきました。正規科目としてのスタートは2004年後期からでしたが、その前に学生の自主的参加を得てトライアルを実施しました。現在でも、リーガル・クリニック、エクスターンシップ、シミュレーションなどによって、学生が、法が適用・運用される多様な現場に入り、生の法曹の仕事を体験してくれているのは、早稲田大学における法曹養成にとってとても重要なことです。中でも「早稲田大学東日本大震災復興支援法務プロジェクト」と連携して継続的に行われている「早稲田大学法科大学院震災復興支援クリニック」は、臨床法学教育の精神を体現するものとして注目されるクリニックといえるでしょう。

5　刑事弁護クリニックの経験

　トライアルの時代を含めて、私は高野隆弁護士とともに、刑事弁護クリニックを担当してきました。弁護士会の協力を得て、当番弁護事件を割り当ててもらい、身体拘束を受けている被疑者弁護事件を学生と担当しました。ほとんどの学生が、法によって身体的自由などの基本的権利が制限されてい

る人に会うのは初めての経験であり、法律家として何ができるかの自問がそこから始まります。警察署の接見室でアクリル板越しに、顔と名前のある依頼者と対峙したとき、多くの学生の第一声は、「私はあなたのために何ができるでしょうか？」という問いでした。私はいつも、この問いを聞くたび、学生の中に法律家としての大切な萌芽を見出すのです。

　早稲田大学のクリニックでは、実務家と研究者とが協働して学生の指導に当たることも特色の一つでしょう。私は、民事手続法の権威であられる、弁護士資格をお持ちの伊藤眞先生（元早稲田大学ロースクール教授）と刑事弁護クリニックを担当させていただいたことがあります。学生は、民事手続との比較などを通じて刑事手続の理論に関する理解も深めることができました。公判弁護では、当時はまだ施行されていなかった裁判員裁判のあるべきわかりやすい法廷弁護活動を教員と学生とで研究・模索し、学生が尋問事項やパネルを作成して準備し、伊藤先生と私の法廷活動に大いに役立ちました。また別の刑事事件では、身体拘束を受けた依頼者が弁護士教員を弁護人と指定して選任を申し出たものの、指定した弁護士への通知を警察官が遅滞し、その間に供述調書が作成されたというケースで、学生は法律の定める「直ちに」の解釈を研究者教員・実務家教員の指導・監督のもとで憲法にまで遡って検討し、違法の理論構築を行って国家賠償訴訟を提起し勝訴したこともあります。このように臨床法学教育における理論と技能と責任の統合的教育は大きな成果を実らせていきました。

6　学生が「法律家」となること

　このように、臨床法学教育が法律家養成の効果的な教育方法となりうるのは、学生が、資格があり適格な教員の監督のもと、自分自身が「法律家」になるからです。そのためには、学生が「法律家」としての任務を担って行動することを先輩法曹が理解し容認・応援することが不可欠です。ところがこれまでの間、裁判所、検察庁、弁護士会その他の分野で活躍する先輩法曹たちの態度は、残念ながら保守的であったと言わざるを得ません。さらに残念なことは、その保守性が学術的分析や経験に基づくものではなく、「司法試

験に受かっていない者は信用できない」という、ある種、階級的な意識の反映であったと思われることです。新しい法曹養成制度の精神が「点（試験）からプロセス（教育）へ」と表現することが正しいのであれば、そして臨床法学教育が理論と技術と専門職責任の統合教育の理想的な形態であるならば、学生が、プロセス（教育）において、「法律家」の役割を担うことができる制度的方策を前向きに検討すべきでしょう。学生がロールモデルとして目指す法曹三者自身が、司法試験合格という「点」の前後で法曹志望者を本質的に異質な存在として区別し続けるのであれば、「点からプロセスへ」という司法制度改革審議会意見書の理念を理解しないものと言わざるを得ません。先輩法曹が、クリニックの学生が「法律家」としての役割を担うことを認め、応援してくれるようになるには、「先輩法曹としての保守性・階級性」がない、早稲田のクリニックで学んできた早稲田の修了生が増えることを待つほかないのでしょうか。

7　おわりに
——「挑戦する法曹」を創り続けるために——

　学生が臨床法学教育において、顔と名前をもつ、法律家を雇えない、あるいは法律家にアクセスしづらい人々のために貢献することは、学生にとって法律家を目指した初心を思い起こさせ、それを強化することになるでしょう。臨床法学教育は、法科大学院の教員と学生が、社会に埋もれた不正義・不公正を掘り起こし、そこに法の光を当てるのです。学生たちがそれらの人々のために、不公正な現実に法の光を当て、社会正義を発展させるとき、喜びを感じるのは学生だけでなく、それは教員の喜びでもあります。

　早稲田大学ロースクールが臨床法学教育を続けていく限り、「挑戦する法曹」が次々と輩出されることでしょう。

（参考文献）

大生定義「医学教育とプロフェッショナリズム」日本医科大学医学会雑誌2011年7巻3号124頁

デニス・E・カーティス「法律家を育てる」法律時報79巻2号6頁

挑戦する法曹を早稲田から
――早稲田大学ロースクール歴代研究科長に聞く――

話し手：浦川道太郎名誉教授（早稲田大学ロースクール初代研究科長）
　　　　鎌田薫名誉教授（早稲田大学ロースクール第2代研究科長・前早稲田大学総長）
聞き手：渥美優子弁護士（早稲田リーガルコモンズ法律事務所・早稲田大学ロースクール修了生）

（収録：2019年11月14日）

　渥美優子弁護士（聞き手）　早稲田大学ロースクールは2004年に開設され、多数の法曹を世に送り出してきました。2019年度までの累計の司法試験合格者数は1,775名にのぼります。また、早稲田大学ロースクールは、「挑戦する法曹を早稲田から」というスローガンのもと、多方面で活躍する法曹を輩出してきました。そこで、黎明期の早稲田大学ロースクールを築かれた初代研究科長の浦川先生と第2代研究科長の鎌田先生に、早稲田大学ロースクールのこれまでを振り返っていただいたうえで、今後の展望についてもお考えをお聞かせ願いたいと思います。

　司法制度改革審議会は、「21世紀の我が国社会において司法が果たすべき役割を明らかにし、国民がより利用しやすい司法制度の実現、国民の司法制度への関与、法曹の在り方とその機能の充実強化その他の司法制度の改革と基盤の整備に関し必要な基本的施策について調査審議する」ことを目的として、1999年7月に内閣の下に設置されました。この審議会は、2001年6月12日に公表された「司法制度改革審議会意見書」において、法学教育と司法試験・司法修習を有機的に連携させた「プロセス」としての法曹養成を担うプロフェッショナル・スクールとして、法科大学院（ロースクール）を設けることを提言しました。早稲田大学としては、この「司法制度改革審議会意見書」をどのように受けとめたのでしょうか。

　浦川道太郎名誉教授　私自身がこのロースクールの創設準備に関与したの

浦川道太郎名誉教授

は、2002年からでした。私は、「司法制度改革審議会意見書」を読み、国民がより利用しやすい司法制度を実現すること、国民を司法制度に関与させることなど、いずれも真っ当な提言がされていると思いました。そしてさらに、「制度を活かすもの、それは疑いもなく人である」ということで、法曹養成の担い手としての法科大学院制度の創設が提案されていました。そこで私は、「これを必ず成功させなければならない」という意識をもったわけです。成功させるためのやり方としてはいろいろと考えられますが、私はまずは理念どおりにいこうと思ったのです。

　今では当時のことをもう忘れてしまって、「旧司法試験のほうがよかった」という人がいますが、あの当時、旧司法試験のままでよいと言っていた人はほとんどいませんでした。合格率がきわめて低く、受験技術の巧拙が合否を分けるために、受験予備校が幅を利かせ、ダブルスクールが常態化していました。また、合格者数も少なかったため、弁護士が不足し、いわゆる「ゼロワン」などの司法アクセス不全の問題もありました（編注：129頁参照）。ですから、司法試験制度、あるいは法曹養成制度を変え、法曹を増員しなければならないというのは緊急の課題でした。

　渥美　早稲田大学ロースクールの開設時には、どのような点に重きを置いてアドミッションポリシーやカリキュラムを作られたのでしょうか。

　浦川　日本の従来型の法曹は職域が非常に狭い。裁判官に任官する、検察官に任官する、事務所に所属して弁護士をやる、そのどれかです。ところが世界的に見ると、法曹資格を持つ者の仕事は、世の中のあらゆる紛争解決にあたるということですから、資格者は企業内にもいるし、中央官庁にもいる

し、地方自治体にもいる。また、外国にはさまざまな分野の専門知識や職業経験をもつ弁護士がいて、専門性が高い分野で国際的な紛争が生じると、日本の弁護士はなかなか太刀打ちできません。ロースクールを創設してそのような状況を打破するには、豊富な人材を受け入れることができるような入試制度にする必要がありました。ですので、当初は未修３年コースを原則とし、社会人や他学部出身者を広く受け入れることとしたのです。

　カリキュラムの面では、理論と実務の架橋をしようということで、臨床法学教育（リーガルクリニック）の科目を設置しました（編注：215頁参照）。また、実務家教員を数多く採用し、バラエティーに富んだ選択科目を提供できるようにしました。さらに、アメリカをはじめとする海外の提携校への留学制度も設けました。早稲田大学ロースクールからアメリカのロースクールに留学して、日本の司法試験とニューヨーク州の司法試験の両方に合格した修了生もいます。

　渥美　「挑戦する法曹を早稲田から」というスローガンはどのようにして生まれたのでしょうか。

　浦川　早稲田大学の創設にあたって大隈重信とともに主導的な役割を果たした小野梓は、前身である東京専門学校の開校式の演説において、人材を養成し、法律制度を変え、日本社会を良くするという決意を述べています。教育方法に関しても、たとえば当時の東京大学が主としてお雇い外国人による外国語の授業を行っていたのに対して、小野は日本語による教育を目指しました。これは、「学問の独立」のためには単に欧米の法学を輸入するのではなく、それを日本社会に利用できる知識の形で教授することが必要だからであり、また、その知識を卒業生が日本社会の中で市民の利益のために活用することによって、健全な市民社会を形成しようとしたためです。

　われわれがロースクールをつくるならば、小野の志を生かすチャレンジをしよう、従来とは異なる教育を行い、有為な人材を育成し、法制度を改善して日本社会を変革しよう、という強い意識がありました。そこで「挑戦」ということばをスローガンに入れたのです。

　渥美　鎌田先生は、浦川先生の次に研究科長になられましたが、創設時のコンセプトについて、どのように感じておられましたか。

鎌田薫名誉教授

鎌田薫名誉教授　実際に入学し
てきた学生たちを見て、従来の法
曹養成制度ではあり得ないよう
な、すばらしい人材が集まったと
感じました。たしかに、未修者を
どう教育していくかはチャレンジ
ではありましたが、教員たちのや
る気もあふれていました。

　浦川先生がおつくりになった基
本的なコンセプトは非常によくで
きているし、それを生かしていか
なければならないということはた
しかでした。ただ、徐々に、他大
学のロースクールとの路線の違い
が顕著になってきました。そういう中で、われわれのやり方を変えるのでは
なく、われわれのやり方に対して学生にいかに魅力を感じてもらえるかとい
うことが大きな課題でした。そこで、未修3年コースと既修2年コースの定
員数の見直しなどを行いました。

　渥美　早稲田大学ロースクールは、毎年コンスタントに100名以上の司法
試験合格者を出しています。とはいえ、司法試験の合格実績では、ライバル
校と比べると数字の上ではやや見劣りするという見方もありますが、これに
についてはどのように思っていらっしゃいますか。

　鎌田　人数だけの比較ではそうかもしれませんが、新制度の理念に沿った
新しいタイプの法曹をこれほど多く輩出しているのは、早稲田大学ロース
クールしかない。この面では早稲田が一番だということは、もっと強調され
なければならないと思っています。

　最近、新しい刑事裁判の動きなども出てきていますが（編注：第3章参
照）、ああいうものをリードしているのは、早稲田大学ロースクールを修了
した法曹たちです。年越しテント村をやってみたり（編注：17頁参照）、政策
秘書になったり（編注：193頁参照）、「挑戦する法曹を早稲田から」というス

ローガンに沿った人材を数多く育てることによって、われわれは新しい法曹像をつくってきました。合格者数ランキング以外に、このような定性的な側面を社会一般に評価してもらえるようにしないと、法科大学院がどれだけ改良に努めても予備校的な評価の対象にしかならないし、法曹界全体が地盤沈下してしまいます。このような危機感があって、文部科学省に、優れた法科大学院に対する補助金加算プログラムを作らせましたが、最初に加算率トップになったのは早稲田大学ロースクールです。

　浦川　初期の修了生には、ジャンボジェット機を解体整備できるという人までいました。そのほか、早稲田大学ロースクールを修了して司法試験に合格した後に医大の教授をしている人もいるし（編注：203頁参照）、政界に入っている人もいるし、さまざまな分野で働いている人たちがいて、とても早稲田らしいという感じがします。まさに「挑戦する法曹を早稲田から」という理念どおりの人材が育っていると思います。

　これからは、法曹の世界も、法曹資格を持ってさえいれば飯を食えるわけではなく、資格を使ってどのような価値を提供するかという競争社会になるのだと私は思っています。どのような付加価値を付けるか、どのようにそれをプレゼンテーションしていくか、顧客をどのように大事にしていくか。どんな仕事であっても、これらがないといけません。

　渥美　法科大学院制度を取り巻く環境も変わりつつありますが、早稲田大学ロースクールは、どのように今後進んでいくのがよいとお考えでしょうか。

　浦川　単に、他の法科大学院と競争して合格者数を増やすというだけではなく、早稲田大学ロースクールならではの魅力を大事にしてほしいですね。早稲田大学ロースクールには、留学制度やリーガルクリニック、エクスターンなど、他の法科大学院にはない輝くものがあるのですから。

　日本の中だけで法科大学院のトップを目指すのではなく、世界中のどこに行っても「早稲田大学ロースクールを出た人はすごい」と言われるような、そういうロースクールを目指してもらいたいと思います。

　鎌田　法科大学院で学ぶ意義は、法曹資格を取得することができるというのもさることながら、優れた教員からすばらしい授業を受けられるというこ

とや、生涯にわたる学友をそこで得られるということが大きいのだと思います。「早稲田大学ロースクールに行けばそういう体験ができる」というようにしていかなければいけない。

　将来的な構想としては、アメリカで行われているように、早稲田のビジネススクールなどと連携して、ビジネススクールの学生と一緒に授業を受けたり人脈作りをしたりできるようになるとよいでしょうね。

　渥美　本日は貴重なお話をいただき、誠にありがとうございました。

執筆者紹介 （掲載順）

石　田　京　子	（いしだ きょうこ）	早稲田大学大学院法務研究科教授
河　﨑　健一郎	（かわさき けんいちろう）	弁護士・早稲田リーガルコモンズ法律事務所
早　坂　由起子	（はやさか ゆきこ）	弁護士・さかきばら法律事務所
小野山　　静	（おのやま しずか）	弁護士・旬報法律事務所
細　永　貴　子	（ほそなが たかこ）	弁護士・旬報法律事務所
矢　上　浄　子	（やがみ きよこ）	弁護士・アンダーソン・毛利・友常 法律事務所 外国法共同事業
浜　田　　宰	（はまだ おさむ）	弁護士・DT 弁護士法人
寺　下　雄　介	（てらした ゆうすけ）	弁護士・株式会社エブリー
横　瀬　大　輝	（よこせ たいき）	弁護士・堂島法律事務所
井　上　善　樹	（いのうえ よしき）	東京地方裁判所判事
矢　野　　諭	（やの さとし）	さいたま地方検察庁検察官・検事
趙　　誠　峰	（ちょう せいほう）	弁護士・早稲田リーガルコモンズ法律事務所
細　川　英　仁	（ほそかわ ひでひと）	国連アジア極東犯罪防止研修所教官
石　田　　愛	（いしだ あい）	弁護士・桜丘法律事務所
天　野　　仁	（あまの ひとし）	弁護士・弁護士法人ステラ
横　倉　　仁	（よこくら ひとし）	弁護士・早稲田リーガルコモンズ法律事務所
松　岡　佐知子	（まつおか さちこ）	弁護士・株式会社アドバンテスト
谷川原　淑　恵	（たにがわら よしえ）	弁護士・エーザイ株式会社
池　澤　大　輔	（いけざわ だいすけ）	在アメリカ合衆国日本国大使館一等書記官
小　島　秀　一	（おじま しゅういち）	弁護士・弁護士法人早稲田大学リーガル・クリニック
大　磯　義一郎	（おおいそ ぎいちろう）	弁護士・医師・浜松医科大学医学部法学教授
四　宮　　啓	（しのみや さとる）	弁護士・國學院大學法学部教授
浦　川　道太郎	（うらかわ みちたろう）	早稲田大学名誉教授・弁護士
鎌　田　　薫	（かまた かおる）	早稲田大学名誉教授・弁護士・前早稲田大学総長
渥　美　優　子	（あつみ ゆうこ）	弁護士・早稲田リーガルコモンズ法律事務所

挑戦する法曹たち
——法律家のキャリアマップ——

2021年3月30日　初版第1刷発行

| 編　集 | 早　稲　田　大　学
法務教育研究センター |
| 発 行 者 | 阿　部　成　一 |

〒162-0041　東京都新宿区早稲田鶴巻町514
発 行 所　株式会社　成　文　堂
電話03(3203)9201㈹　FAX03(3203)9206

印刷・製本　藤原印刷
ISBN978-4-7923-0686-1　C3032　　　検印省略
定価（本体1,800円＋税）